여성,

나 자신을 찾아서

한국의 할매신을 만나다

김경희 글·사진

❷

1 **영실** 한라산 정상의 남서쪽으로 설문대할망의 전설이 깃든 곳이다

2 **노고단 운해** 노고할미의 전설이 전해지는 '지리산 10경' 중 하나

3 **영실 까마귀** '신령한 영(靈)들의 거처'라는 의미를 가진 영실에서 만난
까마귀

4 **노고단** 높이 1,507m, 천왕봉·반야봉과 함께 지리산의 '3대 봉우리'로
불린다

제주 돌문화공원 태초의 제주도를 느낄 수 있는 곳. 거석 사이를 걸으며
설문대할망과 오백장군의 전설을 만날 수 있다

1 **송당 본향당** '제주도 당신(堂神)들의 어머니'라 불리는 백주또(금백조)
  신화가 깃든 곳, 백주또를 모시는 당이다
2 **제주 해녀** 백주또 할망의 당당함을 꼭 닮은 제주 해녀
3, 4 **석신상** 백주또와 소로소천국이 낳은 18명의 아들과 28명의 딸을 형
  상화한 석신상
5 **송당 오름** 제주 동쪽에 위치한 오름의 본향, 송당

1 **홍류동 계곡** 경남 합천 해인사 가는 길, 깊은 계곡에서 들려오는 힘찬
  물소리가 소나무 숲과 어우러져 정신이 맑아진다

2 **해인사 국사단 불화** 가야의 건국신화에 등장하는 정견모주가 두 어린
  아들을 굽어보고 있는 불화. 두 아들 중 한 명이 김해 김씨의 시조가 되
  는 김수로다

3 **가야산** 강하고 신성한 어머니의 산을 이야기할 때 지리산만큼이나 빠
  지지 않는 명산

1 **서낭바위** 강원도 고성 오호리. 소원을 비는 서낭바위

2 **소원을 담은 돌** 억겁의 시간이 겹쳐지는 동안 사람들의 염원이 켜켜이
쌓여간다

3 **반계리 은행나무** 강원도 원주시 문막읍 반계리에 위치한 천연기념물
로 지정된 은행나무. 10월 말에서 11월 초 사이, 이 신목을 보려는 사람
들로 일대가 붐빈다

1 백령도 두무진 늙은 여신의 마지막 작품이라 불리는 곳, 10억 년 풍상
을 버린 기암괴석 풍경에 압도된다

2 심청각, 효녀심청상 공양미 300석에 몸을 던진 심청을 기리는 동상

3 삼신할미석상(대관령박물관) 인간이 태어나도록 아이를 점지해주는
탄생신인 삼신할미를 형상화한 석상. 세상에 나올 때 삼신할미의 애정 어
린 매를 볼기에 맞고 울음을 터뜨렸다는 이야기는 누구나 들어봄직한 스
토리다

할머니들에게 삶의 지혜를 배우려는 젊은이들이 늘어나고 있다.
실로 놀라운 일이 아닐 수 없다. 수천 년 동안 잠들어 있던
할머니 여신이 느지막이 기지개를 켜고 잠에서 깨어나기라도 한 것일까.

할미손이 약손임을 믿는 독자들에게

   너무 오랜 기억은 간밤에 꾼 꿈같다. 책을 다 읽고
문득 할머니 목소리가 떠올랐다. "할미~ 손은 약~손~." 엄
마 뱃속에 있을 때처럼 아득한 기억인데도 제법 선명해서 놀
랐다. 그 약손의 효력에 아픔은 싹 날아가고 눈물은 뚝 멎었
다. 함께한 시간은 비록 길지 않았지만 세상을 떠난 후에도
여전히 내 편에 서 있는 우리 할머니. 스스로를 사랑하기 위
해 한국의 할머니신을 만나고 온 저자 덕에 나 역시 할머니
품에 가닿은 기분이다.

   신화학자 조지프 캠벨(Joseph John Campbell, 1904-1987)은
신화를 '보이지 않는 손길'이라고 지칭했다. 신화는 우리 내

면의 핵심적이고 본질적인 부분을 건드리면서도 구체적으로 무언가를 명확히 가리키지 않기 때문에 이성으로 완전히 이해할 수는 없지만, 그렇기 때문에 모험처럼 이어지는 생의 여정에서 보이지 않는 안내자가 되기도 한다. 인생에 신화가 필요하다고 하면 거창하게 들리지만, 살다 보면 할머니 약손이 절실한 순간은 종종 찾아온다. 어디가 아픈지 정확히는 모르겠는데 영 안 아픈 것도 아니고, 어딘지는 모르겠지만 나가서 대자연의 품에 안기고 싶을 때. 지금보다 괜찮아지고 싶지만, 지금도 괜찮다는 위로가 필요할 때……. 나의 경우는 그럴 때 내가 사는 제주의 할망들을 만나 이야기를 듣는다.

30대 초반에 낙향하듯 고향에 돌아와 힘들던 시기에 할망들을 만나 정신을 차리게 된 것을 계기로, 그들이 나눠준 '만병통치약'을 나도 먹고 남과도 나누자는 심정으로 할망들을 만나기 시작했다. 지금 나는 할망들과의 만남을 기록해서 글을 쓰고, 사람들의 고민을 할망들과 상담하고, 시골 마을을 소개하며 할망을 만나는 방송 리포터로도 일하고 있다. 콘텐츠가 넘쳐나는 세상에서 10년 가까이 할망들만 만나며 살고 있다는 것이 스스로도 믿기지 않지만, 그만큼 세상은 할머니를 필요로 한다. 할머니의 위로, 할머니의 지혜, 할머니의 정성과 할머니의 손맛, 심지어는 욕쟁이 할머니의 통쾌한 욕까지 그들이 내어주는 모든 것이 필요한 시대다. 아낌없이 보따리를 풀어 지혜와 용기를 나누어 주는 할머니들과 함께 세상을 산다는 것은 더할 나위 없는 축복이지만 기쁨도 잠시, 차츰 생을 완주하고 돌아가시는 할망들이 늘어나고 있다. 그와 동시에 대한민국은 곧 '초고령화 사회(인구의 20% 이상이 65세 이상인)'에 진입한다. 나에게 희망을 준 할망들이 사라지고 이제 새로운 여성들이 할망이 된다. 과연 우리는 누군가에게 희망을 주는 할망이 될 수 있을까?

일제강점기에 태어나 제주4.3과 한국전쟁을 겪으며 성장한 80대 이상의 제주 할망들은 세상이 무너지는 것을 수차례 경험하며 살아온 사람들이다. 우리 역시 불안한 세상에 살고 있는 것은 마찬가지지만, 살던 마을이 불에 타고 온 나라가 전쟁터였던 시절을 살아낸 80대 이상의 노인들에겐 '인간력'이 있다. 세상이 하루아침에 산산조각 나도 맨손으로 몇 번이고 일으켜 세우는 힘, 내가 인간력이라고 부르는 그 힘을 배워 익히고 싶다. 하지만 즐겁게 할망들을 만나다가도 문득 불안해질 때가 있다. 오래 곁에 두고 싶은 한 무리의 사람들이 빙하처럼 녹아 없어지고 있는 것을 어떤 마음가

짐으로 지켜보아야 하나? 덧없는 생각일 수도 있지만 이것은 무척 현실적인 고민이다.

그런 내게 이 책은 무지개처럼 '쨍' 하고 나타나 보이지 않는 손길을 내밀었다. 할머니 한 분만 만나고 와도 기분이 든든한데, 그냥 할머니도 아닌 여신 할머니들의 이야기를 모은 책이라니! 세상에 이런 책이 또 있었나? 대한민국 최고의 할머니 신들을 총망라한 가이드북! 좋아하는 K-Pop 스타의 콘서트 티켓이라도 받은 것처럼 소리 없는 환호성과 함께 책을 읽기 시작했다. 전국의 산과 바다를 유람하는 기분으로, 가본 적 없는 마을 구석구석에 자리한 할머니 신들을 한 분 한 분 모두 만나고 온 기분이다.

싸워 이겨서 승리를 쟁취해야 하는 영웅 신이나, 아름다움과 총명함의 경쟁에서 살아남아야 하는 서양 여신과는 달리, 우리의 할머니 신들은 무덤덤하다. 그 얼굴을 상상하는 것도 쉽지 않다. 사람을 불안하게 흔들거나 세상을 처참하게 파괴하지도 않는다. 다리가 고장 나도 여전히 물질하러 바다에 나가는 늙은 해녀처럼, 할머니 신들은 자신의 영역에서 조용히 할 일을 한다. 무너진 세상의 균열을 메꾸고, 얼었던 땅 위에 다시 꽃을 피우고, 배고픈 이들에게 밥을 지어 먹인다. 휘두르는 칼의 모양에 따라 변화하는 세상의 질서와는 상관없이, 있는 듯 없는 듯 자리를 지켜온 할머니 신들에게서 할망들의 모습을 본다.

'배운 것이 없으니 기도라도 하자'는 마음으로 할망들은 부지런히 신을 모시고 가정을 보살펴왔다. 세상을 지배하는 권력 구조가 달라질 때마다 믿음의 대상을 바꾸어야 했고, 미신이라는 명목으로 할머니들이 모시는 신들은 수도 없이 자리를 빼앗겼다. 개발이라는 명목하에 제주의 신당은 오늘도 부수어지고 있지만, 그럴 때마다 행정과 싸우는 것은 마을의 할망들이다. 나무 하나, 바위 하나, 이 땅에 소중하지 않은 것이 없음을 가르쳐주는 사람들이 바로 스스로를 낮춰 '무식쟁이'라 말하는 여성들이다.

페미니즘의 시대, 여성들의 서사는 다시 쓰이고 있다. 여성은 더 이상 가부장제와 국가권력과도 같은 거대한 구조의 변방에 머무를 필요가 없지만, 전통사회가 남긴 여성들의 유산 중 잊지 말아야 할 것이 '자연(신)과 인간'의 관계다. 할머니 신의 강함은 그러니까, 든든한 신을 믿으며 굳건히 살아온 여성들의 '기도'에서 출발한 것임을 기억해야 한다.

세상이 무너져서 삶의 벼랑 끝에, 설령 우주의 끝에 가더

라도 할머니는 계실 테니 너무 걱정 말자. 그저 마음이 헛헛
할 땐 밖으로 나가 바람처럼 스치며 할머니를 만나자. 할미
손은 언제나 약손이라 믿고 기도하는 마음으로 함께 걷자.
할머니와 할머니 신들께 받은 소중한 선물을 세상과 나누고
싶은 이들에게 이 책을 추천한다.

정신지(《할망은 희망》, 제주할망 전문 인터뷰 작가)

머리말

마흔 중반을 넘기면서 해마다 부쩍 나이가 드는 걸 체감한다. 얼굴도 좀 처지면서 선이 무너지는 것 같고, 옷을 벗고 거울 앞에 서면 어쩐지 어깨도 좀 구부정해진 걸 느낀다. 그뿐 아니다. 왜 그런지 허리나 뱃살 같은 것들도 두둑해진 배짱만큼이나 뻔뻔해졌다. 이제 갱년기도 머지않은 시기, 인정하고 싶지 않지만 아무래도 나는 조금씩, 아주 조금씩 할머니가 되어가는 길에 가까워지고 있는 모양이다. 여성 호르몬 이야기를 하려는 것이 아니다. 이 시기야말로 잘 나이 들기 위한 중간 점검의 시간일지도 모른다는 생각을 나누고 싶은 것이다. '이렇게 변했구나' 싶은 마음이 들어 조금 씁쓸하지만 나쁘지 않다고 생각해야 한다. 지금의 내 몸을 받아들이는 것이 현재의 나를 받아들이는 거니까. 지금이야말로 내 인생에서 자신을 보듬는 재생의 시간일지도 모르겠다.

　　얼마 전 〈식스센스〉로 알려진 나이트 샤말란 감독의 영화 〈올드(OLD, 2021)〉를 보았다. 낯선 해변을 배경으로 단절된 공간에서 급격히 나이를 먹으며 노화하는 사람들에 대한 이야기를 스피디한 방식으로 보여주는 충격적인 영화였다. 사실 노화라는 것이 그렇지 않나. 수십 년에 걸쳐 천천히 진행되니 거부감 없이 받아들일 수 있지, 하루아침에 할머니가 되어버렸다고 가정해보시라. 우리가 그 상황을 순순히 감당하고 받아들일 수 있을까? 누구라도 필시 경악을 금치 못할 것이다. 다행히 세월은 아주 천천히, 공평하게 흐른다. 우리가 노화라는 자연의 섭리를 받아들일 시간을 벌어주는 것처럼. 그런데도 나이에 대해 말할 때, 조금은 서글퍼지고 초라해지는 자신을 발견하게 되는 것도 사실이다. 꽤 오랫동안 여성은 신체적 젊음과 매력으로 평가받아온 면이 있기 때문이다. 그래서 '할머니'로 호명될 때, 그것은 단순한 호칭을 의미한다고만은 느껴지지 않는다. 뭔가 무능한 존재로 낙인찍힌 느낌이라고나 할까?
　　페미니즘이 시대의 화두로 등장하면서 세상은 빠르게

변하고 있다. 밀라논나 할머니나 인플루언서로 활동하는 매력적인 할머니들이 주목받는 세상인 건 분명하니까. 그럼에도 여성들이 오로지 실력과 경륜으로 사회에서 인정받고 있다고 우리는 자신 있게 말할 수 있을까? 여전히 사회의 주도적인 권력을 남성들이 쥐고 있는 이 세상에서.

하지만 우리 모두가 놓친 지점이 있다. 우리가 원래부터 늙은 여성을 푸대접하고 무시했던 것은 아니라는 사실 말이다. 우리네 오랜 설화 전통에서 '할머니' 혹은 '할미'는 본래 '여신'을 의미했다. 우주를 창조한 마고(麻姑)할미, 설문대할망, 바다를 지키고 풍랑을 관장하는 물의 여신, 그리고 아기를 낳게 도와주는 삼신할미나 바람과 액을 막아주는 영등할미 등 이런저런 할매신들이 있었다. 실제로 '할미'라는 말은 '신체적으로 늙은 여자'라는 뜻이 아니다. '할머니'의 진짜 의미는 '크다'란 뜻의 우리말 '한'과 '어머니'가 합쳐진, 말하자면 '대모(大母)', '위대한 어머니'라는 뜻이다. 그래서 젊은 여신도 '할미'라 불렸던 것이 아닐까?

우리 모두는 여성의 몸에서 태어난 존재들이다. 이 엄연한 사실을 생각한다면 남성 또한 여성의 일부나 다름없음을 인정해야 할 것이다. 그러니 여신, 즉 할미신은 여성과 남성

뿐 아니라 세상의 모든 이들을 낳고 품어온 통합적 모성이다. 그리스의 가이아(Gaia)나 중국의 여와(女媧), 한국의 마고 여신만 봐도 인류 최초의 신이 여자였다는 것을 우리는 여러 신화 속에서 이미 확인했다. 그러니 째깍째깍 변하는 시계 초침을 따라 내 몸과 마음에 어떤 변화가 오는지 가만히 들여다보고 두려움 없이 나이 들어감을 맞이해야 한다. '늙은 여자'라는 사회적 라벨링(labelling)을 거부하고 넉넉하고 자애로운 할머니 여신들을 닮아가면 좋겠다. 꽃과 새, 아늑한 오솔길과 숲을 창조한 여신들처럼 우리도 나름의 아름다운 세계를 창조할 수 있지 않을까.

오래전 공동체의 권위는 생존을 위한 지혜를 가진 자에게 주어졌을 것이다. 영리한 동물로 알려진 코끼리의 경우도 죽은 가족이나 동료의 뼈를 알아보고, 수백 킬로미터 떨어진 물가까지 기억하는 늙은 암컷이 이끄는 무리가 생존율이 더 높다고 알려져 있다. 게다가 늙은 암컷 코끼리는 한 번 만난 코끼리의 울음소리까지 기억하여, 나중에 마주치면 위험한 상대인지 아닌지 구별한다고 한다.

사람이라고 다를까? 아마도 생명을 탄생시키고 나이 든 노인 여성에게도 최고의 권위가 주어졌을 것이다. 하지만 세상은 뜻하는 대로 흘러가지만은 않는다. 공동체의 권위를 물리적 힘을 지닌 자가 독점하게 되면서 상대적으로 힘이 약한 할머니들의 권위는 실추될 수밖에 없었다. 다행인 건 세상이 변하기 시작했고 인생의 마지막 구간을 향해가는 할머니들에게 삶의 지혜를 배우려는 젊은이들이 늘어나고 있다는 점이다. 실로 놀라운 일이 아닐 수 없다. 수천 년 동안 잠들어 있던 할머니 여신이 느지막이 기지개를 켜고 잠에서 깨어나기라도 한 것일까.

할머니가 될 때까지 살아남은 모든 여성은 위대하다. 그 어떤 고난과 고통 속에서도 죽지 않고 꿋꿋이 살아남았기 때문이다. 같은 이유로, 남성 중심이던 한국 사회에서 할머니, 어머니를 거치며 입에서 입으로 전해져온 여신 신화들의 생명력은 놀랍기 그지없다. 한반도 곳곳에 전해지는 여신 신화를 찾아가는 일은 잃어버린 나 자신을 찾아가는 여정이 되지 않을까?

이 책은 그러한 물음에서 시작되었다. 세상의 상처와 고통 속에서 달처럼, 구름처럼 끊임없이 변화하며 포용과 치유의 힘을 전해온 한국의 할머니 여신들. 어려움 속에서도 유머와 여유를 잃지 않는 우리 여신들의 이야기는 권력과 탐욕이 넘치는 물신숭배의 세상에서 소박하고 아름답게 사는 것의 의미를 우리에게 깨우쳐줄 것이다.

　자, 이제 원초적 생명력을 가진 한국의 여신, 할매신을 찾아가는 여정을 떠나보자.

차례

2부　제주의 여신들

3부　산의 여신들

4부 바다의 여신들

5부 가택 여신들

6부　그 밖의 여신들

한국의

할매신들 소개

이 책에 소개된
한국의 할매신들

1. 마고할미

세상은 어떻게 생겨났을까?

사람은 또 어떻게 생겨난 걸까?

세상에서 가장 오래된 이 질문에 답하는 창세신화 중 하나가 마고할미 신화다. 마고할미는 주로 해안, 도서지방에서 내려오는 지역 전설로, 내용이나 성격상 여성 거인 신화 속의 대표적인 캐릭터다. 제주도의 설문대할망이나 지리산의 노고할미, 전북 부안의 개양할미, 인천 옹진군의 망구할매 등 거인 여신들이 마고할미 계열의 여신으로 분류된다.

2. 설문대할망

　　제주 토박이들의 어머니 여신이다. 제주 신화에서
는 한라산을 설문대할망이 만들었다고 전한다. 설문대할망
이 돌을 이용해 제주 섬이라는 걸작을 빚었다는 것이다. 이
것을 보여주는 곳이 제주돌문화공원이다. 또 다른 설화가 있
다. 설문대할망이 몸소 죽이 되어 굶주린 500명의 자식들을
먹였다는 이야기다. 이 죽을 먹고 아사(餓死)를 면한 500명의
자식들은 그 사실을 뒤늦게 깨닫고 피눈물을 흘리다 돌이 되
었다. 한라산 영실에 오르면 오백장군에 얽힌 이야기를 만날
수 있다.

3. 백주또할망

　　송당 본향당의 당신은 백주또 여신이다. 백주또는
남편인 소로소천국과 결혼하여 아들 열여덟, 딸 스물여덟을
낳았다. 이 자손들이 제주도 전 지역의 마을로 흩어져 당신
으로 좌정했다고 한다. 그래서 송당 본향당을 제주도 각 마
을당의 조상으로 여기며 '불휘공(태초의 뿌리)'이라고 부른다.

백주또는 적극적인 선택과 의지를 가진 여신이다. 직접 자신의 배필을 찾으러 바다를 건너온 것이나, 아니다 싶을 때 자신의 의지로 분가를 결정하는 자기주도적인 여성상이다.

4. 영도할매

부산의 대표적인 여성 수호신이다. 부산 영도의 중앙에 위치하고 있는 봉래산에 살면서 영도 사람이 섬 밖으로 나가면 저주를 내린다는 도시 전설의 주인공이다. 다소 까칠하게 느껴지지만, 영도를 떠난 사람들에게 심술을 부린 것이 아니라 외지로 나간 영도 출신 사람들이 겪을 어려움을 미리 예견하고 안타깝게 여기는 부산 사람들의 마음이 담긴 캐릭터다.

5. 정견모주

대가야 및 금관가야 시조의 어머니다. 원래 가야산의 산신이었는데 가야국 시조인 천신 이비가지의 기도에 감응해 대가야의 왕 뇌질주일과 금관가야의 왕 뇌질청예를 낳았다. 첫째 아들은 천신 이비가지를 닮아 '머리가 해와 같이 빛난다' 하여 뇌질주일이라 하고, 둘째 아들은 가야산신 정견모주를 닮아 '얼굴이 하늘색과 같이 푸르다' 하여 뇌질청예라 하였다. 후에 뇌질주일은 대가야의 시조 이진아시왕이 되고, 뇌질청예는 김해로 내려가 금관가야의 시조 수로왕이 되었다.

6. 노고할미

지치고 힘든 마음을 위로받고 싶을 때면 사람들은 지리산을 찾아 노고단에 오른다. 지리산은 깊고 넓은 품을 가진 모성의 산이기 때문이다. 지리산 산신은 마고할미다. 마고할미는 '노고'라고도 불렸다. 노고단 지명의 기원이기도 하다. 서해안과 남해안 등 주로 해안도서 지방에 폭넓게 분포하던 마고할미 전승이 지리산에 이어진 것이다. 지리산 마고할미는 천왕봉의 성모천왕이라는 인물로 그려진다. 성모천왕은 마고할미, 노고로도 불리며 이후 박혁거세의 어머니인 선도성모로 변신한다.

7. 삼신할매

출산 및 육자(六子)에 관련된 집안신이다. 삼신할매, 삼신바가지, 삼신할머니, 산신이라고도 한다. 옛날에는 태(胎)를 보호하는 신을 삼신이라 했다. 아기를 낳을 때 '삼신할매의 점지'로 낳는다는 말이 나올 정도로 출산과 관계가 깊다. 태어날 아이를 점지하고 보살피는 존재인 삼신할매는 강렬한 캐릭터만큼이나 많은 TV 드라마의 캐릭터로 등장해 존재감을 드러냈다.

8. 미륵할미

미륵은 '용'을 뜻하는 우리말 '미르'에서 연원했다고 보는데 물, 용 신앙과 연관되어 있다고 한다. 여신을 섬기는 고대 여신 신앙의 영향을 받은 것으로 보이는 미륵할미 이야기는 조선 후기에 등장했다. 미륵할미는 마을을 지켜주거나 아픈 사람의 병을 고쳐달라고 비는 사람들의 삶이 편안하도록 마을의 수호신이 되어 그들을 도왔다고 한다. 전북 김제, 전남 함평 등지에 미륵할미에 대한 설화들이 전해지고 있다.

9. 개양할미

칠산바다의 해신으로, 마고할미 계열로 분류되는 거인 여신이다. 칠산바다는 예로부터 서해 해상 교통의 요충지로 조기와 같은 해산물이 넘쳐나던 황금어장이었지만 빠른 조류로 인해 위험한 항로이기도 했다. 풍요와 위험이 공존하는 곳에서 나약한 인간은 늘 신을 찾게 된다. 같은 이치로 제주의 설문대할망 신화가 그러하다. 거인 여신인 개양할미는 몸집이 매우 커서 굽 나막신을 신고 서해 바다를 걸어 다니면서 수심이 깊은 곳을 메우고 풍랑을 다스려 어부들과 선박을 보호했다. 딸 여덟 명을 낳아 일곱 딸은 각 도나 섬에 한 명씩 시집보내고 막내딸과 살았다고 전해진다.

10. 영등할미

음력 2월 초하루는 바람의 신, 영등할미가 내려오는 날이라고 해서 '영등날'이라고 부른다. 이날 가정에서는 떡을 만들어 영등신에게 비는 바람몰이 의식을 가졌다. 바람몰이는 영등할미가 하늘에서 내려왔다가 올라가는 바람에 천연두를 실어가는 것을 의미했다. 이날만은 외지에서 마을로 찾아드는 영등할미의 노여움을 사지 않기 위한 환영의 의미가 크다. 제주도와 남해안 · 동해안 어민들과 영호남에서 모시는 절대적이고 두려운 여신이다.

11. 망구할매

인천광역시 옹진군 덕적군도의 생성과 관련이 있는 설화 속 주인공이다. 망구할매가 치마폭에 흙을 가득 담고 산을 쌓아 올리다가 무너지면서 섬으로 흩어졌다는 이야기와 망구할매가 주먹으로 선갑산을 내리쳐서 사방으로 퍼진 조각들이 덕적군도를 이뤘다는 이야기가 전해진다. 설문대할망이나 노고할미, 개양할미 등 마고할미 계열의 거인 여신 설화로 분류된다.

12. 골맥이할매

강원도, 경북, 경남 등지에 전해지는 마을 단위로 모

시는 수호신이다. 골맥이할배와 함께 마을 입구의 당산나무나 당탑, 당집에 거하는 신격으로 마을 입구에서 재앙과 액을 막아준다는 의미에서 '골+막이', '골맥이'로 불렸다.

13. 조왕할미

부엌을 관장하는 조왕할미는 불을 관장하는 신이자, 집안의 안녕을 수호하는 절대자의 지위를 가지고 있었다. 드물지만 지금도 터주신과 더불어 부엌신으로 조왕신을 모시는 풍속이 남아 있는 곳이 있는데, 새벽에 첫밥을 짓기 전 부뚜막에 정화수 한 사발을 올리고 기원을 드리는 대상이 바로 조왕할미다.

1부

할매신화를

찾아서

할매신화에서 진정한
여성성을 만나다

자궁 이야기를 해볼까? 나는 솔직히 내 자궁에 대해서 그다지 좋은 감정을 가지고 있지 않았다. 14세부터 무려 30년이 넘는 시간 동안 엄청난 생리통과 여러 몹쓸 증후군을 안겨준 것이 나의 자궁이기 때문이다. 생리 기간 앞뒤로 묘하게 불쾌한 통증과 오르락내리락하는 감정 기복까지, 자궁의 기분에 따라 컨디션 난조인 날이 한 달이면 10일이나 된다. 그뿐인가. 생리통에 버금가는 배란통도 있다. 체온을 재보면 정상인데도 몸살감기를 앓을 때처럼 열이 나는 것만 같은 기분에 시달린다. 위장의 상태도 좋지 않아 그즈음만 되면 늘 체기를 달고 산다. 그러니까 한 달이면 3분의 1, 1년

이면 120일 가량을 이런저런 생리 관련 후유증을 겪으며 30년 세월을 보낸 것이다. 그러니 애착을 갖기는커녕 '차라리 자궁이 없으면 얼마나 좋을까' 하는 생각을 해본 적도 많다. 어떻게 그럴 수가 있냐고? 생리통에 시달려보지 않은 남자들이란 그것이 어떤 기분인지 상상조차 할 수 없을 것이다.

그런데 요즘 나는 자궁에 대해 좀 다른 생각이 든다. 주변에서 자궁('포궁'이라는 표현도 등장했지만)을 들어낸 지인들이 하나 둘 늘어가고 있기 때문이다. 얼마 전에는 40대에 접어든 지인 4명과 함께 밥을 먹었는데 그중 3명이 자궁을 들어냈다고 고백했다. 그 순간, 가슴이 철렁했다. 자궁적출이 여성성의 종말이라고 생각해서만은 아니다. 30년 이상 늘 탐탁지 않았던 내 몸속의 그 공간, 한때 아이를 품었지만 이제는 그 임무가 끝나버린 자궁을 향한 오만가지 감정이 교차했기 때문이다. 긴 세월 희로애락을 함께해온 내 몸의 은밀한 공간인 자궁에게 불쑥 연민과 애정과 집착이 생겼다고나 할까.

그랬다, 나는 그동안 출산의 가능성이 완전히 배제된 여성의 시간에 대해 단 한 번도 깊이 생각해보지 않았다. 아이를 낳을 수 없는 여성에게 여성성은 어떻게 정의될 수 있을까? 나는 자궁 없이도 내 안에서 오롯이 내면의 정체성과 힘을 찾아갈 수 있을까? 그것은 어쩌면 생각보다 훨씬 자유로울 수 있을지도 모른다. 겪어보지 않으면 알 수 없는 일이니까. 다만 째깍째깍 흘러가는 생체시계가 나의 젊음과 여성성이 얼마 남지 않았음을 일깨워주는 요즘에야 나는 내 몸과 나 자신에 대해 종종 생각하고 있다는 사실을 발견하고 있다. 왜 그런 생각을 해야 하느냐고 묻는다면 이렇게 대답해야겠다. 우리는 모두 자궁에서 나왔고 종국에는 지구의 자궁과 같은 흙으로 돌아가야만 하는 존재들이기 때문이라고.

자궁을 가진 여성들은 시나브로 나이가 들고 어느 시기가 되면 할머니가 된다. 그러니 여성이 없었더라면, 혹은 할머니가 없었더라면 인류는 존재하지 못했을 거라는 이야기가 되겠다. 여신의 현신(現身)인 어머니들과 할머니들의 존재를 사랑하고 그녀들이 하는 일의 가치를 인정하는 것, 나아가 남성들이 그 일에 당연히 동참하는 것은 이 시대 우리 사회에 깊이 뿌리박힌 혐오를 깨고 모두가 함께 어우러져 살수 있는 유일한 해법이 아닐까.

예전에는 미처 몰랐다. 하찮은 일로 무시당해온 어머니들이 하던 그 숱한 보살핌의 행위들, 밥을 해서 먹이고 씻기고 아플 때 돌보는 그 이타적인 일들이 얼마나 신성하고 가치 있는 일인지. 팬데믹으로 모든 것이 멈춰버린 지난 2년여 시간 동안 집안일에 치여 허덕이면서야 나는 비로소 우리 어머니들, 할머니들의 희생에 고개를 끄덕이게 되었다. 돌이켜보면 참 지긋지긋한 세월일 텐데도 그녀들은 전혀 다른 이야기를 한다. 그래도 그때가 좋았다고, 그런 삶의 지혜를 아직 깨닫지 못한 나는 팬데믹으로 인한 이 시간들이 너무나 지루하고 힘들어서 자꾸만 무엇으로든 위로받을 궁리만 한다. 특히나 그리웠던 건 몇 해 전 지리산이다.

지치고 힘든 마음을 위로받고 싶을 때, 사람들이 곧잘 '지리산'을 떠올리는 데는 이유가 있을 것이다. 지리산은 깊고도 넓은 품을 가진 '모성의 산'이 틀림없다. 지리산을 찾아갔을 때 생각보다 쉽게 다녀올 수 있는 곳이 노고단(老姑壇)이다. 노고단은 이름과 달리 그리 고단하지 않은 '쉬운 코스'도 가능하다. 실제로 차를 성삼재 주차장에 세우고 나서 신발 끈만 질끈 묶고 출발하면 노고단 정상까지 오르는 데 대략 1시간이면 충분하다. 노고단에 올랐다고 하면 가보지 않은 사람들은 "대단하다!"라는 찬사를 보내곤 하는데 사실은 그렇지 않다. 솔직히 말하자면 굳이 산행이라 하기도 민망할 정도다. '노고단' 하면 자연스럽게 떠오르는 산신이 있다. 우리에게도 익숙한 한국의 여신 '마고할미'다. 마고할미는 '노고(老姑)'라고도 불렸는데, 그게 노고단 지명의 기원일 수도 있겠다. 그 마고할미가 천왕봉에서는 '성모천왕(聖母天王)'으로 이름을 바꾼다. 실제로 지리산에서 국가 제사를 지냈던 산신은 마고, 성모, 천왕, 성모천왕으로 불리는 인격적 여성신이었다. 어쩌면 인류 최초의 신은 여자였던 게 아닐까?

우리는 일찍이 서양 신화 속에서 여신들의 존재를 만나왔다. 그리스 신화 속 태초의 신은 땅의 여신 가이아다. 그 신은 하늘의 신인 우라노스와 바다의 신인 폰토스를 잉태해 세계를 구축했다. 인도 신화에는 모성애의 상징인 '샥티(Shakti)' 여신이 등장하고 북유럽 신화에서는 '게프욘(Gefjon)'이라는 늙은 여신이 존재한다. 중국의 창조신화에서도 대지모신 '여와'가 등장한다. 만물을 창조하는 능력을 지녔던 여와는 흙을 반죽하여 인간을 만들었다는 이야기가 전해진다. 이처럼 여신의 역사는 우리가 상상할 수 없을 정도로 오래되었지만 신화는 많은 부분이 변형되거나 왜곡되기도 했다. 여성들로 인해 인간 사회에 존재하는 죽음과 불행이 초래되었다는 판도라(Pandora) 이야기 등이 그러하다.

여기서 한 가지 흥미로운 사실을 발견하게 된다. 한국에서는 죽음과 불행 등이 여성들로 인해 초래되었다는 신화를 찾아보기 힘들다는 점이다. 장구한 가부장제 사회를 거치면서도 다행히 한국의 여성 신화는 다시 여성들의 입에서 입으로 전해지며 그 권위가 추락하지 않았다. 더욱이 조선시대에는 성리학의 영향으로 여성의 활동이 극히 제한적인 상황이었다. 대외적인 활동은 오로지 남성의 전유물이었고 여성의 활동은 극도로 위축되었다. 그럼에도 여신 신화는 크게 변질되지 않고 면면히 계승되었다. 오롯이 구전과 전승의 힘이다. 남성이 지배하는 가부장제 사회에서도 여신들은 그 나름의 역할을 해왔다. 이제는 여성 신화의 권위를 우리 여성 스스로가 찾아야 하지 않을까.

장구한 가부장제 사회를 거쳐 오면서도 다행히 소멸되지 않고 입에서 입으로 전해지며 끈기 있게 이어져온 한국의 여성신화들, 그 생명력에 대한 이해가 지금 이 시대에는 반드시 필요하다. 우리의 여신 신화에서 우리는 지금 필요로 하고, 찾고 싶은 여성상을 발견하게 된다. 한국 여신들, 할매신들이 제시하는 여인상은 페미니즘 시대를 살아가는 한국 여성들에게 훌륭한 롤 모델이 될 수 있다.

한국의 산과 바다 곳곳을 찾아다니며 내가 여신에게서 받은 느낌을 그대로 기록하려고 노력했다. 마흔 살을 훌쩍 넘긴, 흔히 말하는 여성성의 종말 그 언저리에서 한국 고유의 여신들을 만났다. 그들은 우리에게 결국에는 노화를 겪는 자신의 몸과 마주할 수밖에 없으며, 그렇다고 해도 불안해하거나 슬퍼할 이유는 조금도 없음을 알려주었다. 어차피 시간은 우리를 어디로든 데리고 갈 것이며 우리는 자기 자신을 사랑해야만 한다.

여성 신화의 권위를 찾는 것은 여성이 나 자신을 찾아가는 것이다. 그 시간들은 또 다른 무언가를, 혹은 열린 결말을 기다리는 것처럼 살짝 흥분되는 일이다.

창세신화의 원형,
마고할미

　어느덧 창밖으로 가을이 한창이다. 열대야에 잠을 설쳤던 것이 불과 얼마 전인데 지금은 아침저녁으로 으스스 한기가 스며든다. 자연의 섭리가 얼마나 놀라운지 인간의 경험과 지식으로, 혹은 과학 기술로도 그 흐름을 겨우 따라갈 뿐이다.

　인간은 자연을 미리 헤아릴 수 없다. 이런 계절의 변화는 '새 발의 피'에 가깝다. 지진과 태풍, 해일과 홍수 같은 대자연의 위력 앞에서 우리 인간은 한낱 미물에 지나지 않는다는 진실을 절실히 느끼게 된다. 대자연만이 아니라 보이지 않는 작은 것들, 이를테면 바이러스의 위력에 온 인류가 통째로 흔들리기도 한다. 우리는 지금 그런 사실을 처절히 경험하며 실감하고 있다. 대자연과 눈에 보이지 않는 작은 것들의 위력은 수백 년간 이어온 인간의 삶의 방식도 한순간에 바꿔버린다.

자연은 곧 신이다. 우리가 알고 있는 수많은 신들은 자연의 표상이다. 서양 신화 속 제우스와 토르는 벼락과 천둥의 신이고, 아폴론과 해모수는 태양신이며, 포세이돈과 사해용왕(四海龍王)은 바다의 신이다. 달과 별, 산과 강, 비와 바람과 물과 불, 모두가 자연의 신이다. 바위와 나무, 돌 같은 것들도 그러하다. 그저 인간이 할 수 있는 일이란 신에게 안녕을 비는 것뿐이다. 나무에 오색 끈을 매달고 엎드려 절을 하거나 돌을 모아 쌓아 두고 두 손 모아 간절히 기도한다. 자연의 신, 그들 없이는 한순간도 존재할 수 없는 것이 인간이기 때문이다.

한국의 신화, 그중에서도 여신 신화에 관심을 갖게 되면서 자연스럽게 우리나라 곳곳에 전해지는 구전설화에 관심을 두게 되었다. 그 가운데 창조신화와 관련이 깊은 것은 마고할미나 노고할미, 설문대할망 등으로 불리는 대모신(大母神)에 얽힌 이야기들이다. 거구의 여신들이 몸을 움직이는 데 따라 우리나라의 산과 강, 골짜기 등이 만들어졌다는 이야기들이 무척이나 흥미롭게 느껴졌기 때문이다. 자연 만물이 곧 여신의 화신(化身)이라는 것은 '상상 속의 진실'처럼 내 마음을 몹시 흔들었다.

그중에서 가장 먼저 찾게 된 것이 '마고할미' 설화다. 구름을 뚫고 하늘 끝에 닿을 정도로 거대한 팔뚝으로 산처럼 솟은 베틀을 가지고 옷감을 짰다는 마고할미. 그녀는 우리 설화 속의 창조신이다. 다만 마고할미를 비롯한 한국의 여신들은 고대국가 등장 이후 대부분 힘을 잃어간 것으로 보인다. 유교와 불교가 들어오면서 미신으로 치부되거나 배척되었기 때문이다. 그럼에도 일부는 살아남아 제사를 받고 민중의 수호신으로 활약하고 있다. 한국의 여신을 찾을 때 빠질 수 없는 존재, 마고할미를 만나본다.

마고할미는 한국 신화(설화)에 나오는 할머니의 이름이다. 마고라는 이름에는 할미가 붙는데 여기서 할미는 '한+어미'의 합성어다. '한'은 '크다·많다·위대하다·성스럽다' 등의 의미를 지닌 순우리말이다. 그러므로 '한어미'는 '위대한 어머니', 곧 '성모', '신모'를 뜻하며, '마고할미'는 '마고성모', '마고신모'의 의미가 되겠다. 설화 속 마고할미의 주된

행위는 항상 돌을 가져다가 성을 쌓는 것으로 나타난다. 이것이 의미하는 바는 명확하다. 비록 설화의 형태로 전승되어 왔지만 천부단(적석제단)을 쌓는 전통이 고스란히 설화 속에 흔적으로 담겨 있다. 마고할미 이야기는 한반도 최북단에서부터 최남단의 제주도에 이르기까지 방대하게 전해지는데, 힘이 세고 거칠며 인간이 상상할 수 없는 괴력을 가진 인물로 등장한다. 노고할미나 설문대할망, 개양할미도 사실 스토리상 이 부류(마고할미 설화)에 속하는데, 우리나라 사람들이 알고 있는 거의 모든 여신 설화에 그 흔적이 남아 있다.

마고는 어떤 의미일까? 마고할미 신화는 한국 민간에서 구비전승되어온 거인 여신의 창세 신화다. 마고할미는 마고의 한자표기(麻姑)가 대륙 신화에서 천지를 창조했다고 하는 반고(盤古)와 이름이 비슷하다는 이유로 중국에서 전래된 것으로 말하기도 하지만 한자가 다르듯 그 의미도 전혀 다르다. 한국에서 마고는 단순히 '노파'라는 뜻으로 쓰이는 경우가 많다. 제주에서는 '묻혀 죽은 노파'라는 뜻에서 '매고(埋古)할망'이라고 불리게 되었다는 전설도 있다. 즉 우리나라의 토착신앙인 셈이다. 한국의 마고할미 신화는 전해오는 전설이 한반도 곳곳에 남아 있는데 주로 내기를 하여 성을 쌓거나 산을 옮기고 바다를 건너는 거인으로 묘사된다. 지리산 노고할미나 제주 설문대할망, 강원도 지역의 서구할미 전설이 그에 해당한다. 모두 창조신 마고할미의 또 다른 이름들이다.

사실 세계 어디를 가든 지모신(地母神) 신앙이 있다. 모든 만물이 자라고 살아가는 터전이 대지이기 때문에 푸근하고 자애로운 어머니처럼 생명을 보듬고 안아주는 이미지는 자연히 여성 신격으로 나타나게 된다. 이집트에는 이시스(Isis), 그리스에는 가이아가 있고 우리나라에는 마고신, 즉 마고할미가 이 지모신에 해당한다. 특히 전설에서 단군에게 굴복한 마고처럼 산신이 되거나 제주 설문대할망같이 죽에 빠져 죽는 등 마고에 대한 이야기는 우리 민족의 전설과도 밀접한 관련이 있다. 실제로 한반도 곳곳에는 마고가 섬을 만들거나 산을 만들기 위해 치마로 돌을 날라 쌓았다는 성들도 존재한다. 마고할미 신화는 도술을 잘 부리는 신비한 능력의 소유자이자 힘이 센 거구의 모습을 하고 전국 각지에서 다양한 이야기로 변형되어 숱하게 등장한다.

마고할미 전설을
찾아서

10년 전쯤 봄비가 내리는 어느 날, 동네에서 아이를 함께 키우는 한 엄마에게서 강화도로 놀러 가자는 전화를 받았다. 세상은 노는 걸 좋아하는 사람들에게 호의적이지 않지만, 그녀와 나는 서로가 단박에 알아보았다. 상대는 노는 데 빠지지 않는, 혹은 노는 것이라면 언제나 앞장서는 자신과 비슷한 사람이라는 것을. 10년 전이니 우리는 모두 30대였고 아이들은 유치원에 다닐 시기였다. 그러니까 그녀가 제안하고자 한 것은 아이가 유치원에 가 있는 동안, 단 몇 시간 만에 훌쩍 꽃놀이를 다녀오는 것이 가능한 강화도에 가자는 것이었다. 마침 강화도 고려산이 진달래로 붉게 물든 시기였다.

그러니 모든 걸 밀쳐두고 놀러 가야 한다. 30대 중반 언저리였던 그녀와 나는 봄꽃이 피었다는데 아무렇지도 않기에는 너무 젊었다. 결국 아이들을 유치원에 보내놓고 일찌감치 동네에서 한 시간 거리인 강화도로 향했다. 운전도 그녀 몫이었는데 강화도로 가는 차 안에서 문득 마고신 이야기를 꺼낸 것도 그녀였다.

- 있지, '강화도' 하면 고인돌이 떠오르잖아.

  그거, 마고할미가 돌을 나르다가 떨어뜨려 생긴 거래!
- 난 다른 이야기를 들은 것 같은데?

  자비로운 마고할머니가 가난한 사람들에게 옷을 벗어

  주고 부끄러워서 그 돌에 칩거했다고.
- 그래? 아무튼 몸집이 엄청나게 컸던 모양이다, 마고할

  미는. 아! 애들 마고할미 동화책이라도 사서 읽어줘야

  겠다!

우리 신화의 역사를 거슬러 올라가면 반드시 만나게 되는 한 여인이 있다. 그 이름이 마고다. 마고신 혹은 마고할미. 누구나 한 번쯤은 들어봤으면서도 제대로 알지 못하는 그 존재, 대부분의 한국 사람들은 그녀를 '마고할미'라고 부른

다. 물론 거인할머니라는 것 정도는 알고 있지만 요즘 친구들은 좀 다를 수도 있겠다. 〈호텔 델루나〉라는 TV 드라마에 등장한 마고신 캐릭터로 기억할지도 모르겠다. 하늘에 닿을 만큼 크고, 온 세상을 안을 만큼 품이 넓었던 최초의 존재, 그녀가 바로 마고신, 즉 마고할미다. 이 세상 자연물과 지형을 창조한 거인 여신, 마고할미에 관한 기록은 일찍이 신라 박제상이 기록했다는 《부도지(符都志)》와 18세기 장한철이 지은 《표해록(漂海錄)》에 그 내용이 담겨 있다. 특히 《표해록》에는 사람들이 한라산을 보며 살려 달라고 비는 모습이 묘사되어 있다. 제주도 사람들이 '설문대할망'이라고 부르는 그녀가 바로 마고 여신이다.

널리 알려진 것처럼 마고할미는 한국 신화에서 즐겨 등장하는 창세 여신이다. 여성성이 강조된 거인 여신인 그녀는 한반도 곳곳에서 등장하는 걸로 보아 성격이 조용하거나 차분한 신은 아닌 것 같다. 전해지는 설화만 봐도 그렇다. 완벽하고 철두철미하며 깔끔한 성격이라기보다는 좀 노는(?) 여신처럼 느껴진다(개인적인 생각이지만). 산도 바다도 모두 놀면서 만든다. 놀다가 오줌을 누면 바다가 되고, 치마폭에 감싸서 가져가던 돌을 떨어뜨리면 섬이 되는, 그런 식이다. 완벽하지 않은 그런 어설픈 모습이 더 매력적인 법이니까. 아무려나 한반도 여러 곳에서 등장하는 마고할미 이야기는 지역마다 조금씩 차이는 있지만 공통적으로 세상을 창조하는 행위를 했다는 거다. 또 몸집은 얼마나 컸던지 9만 필로 옷을 지어도 몸을 다 감싸지 못할 정도였다고 한다.

"키가 얼마나 컸는지
자세히 잘 알 수는 없지요.
말할 수도 없지요.
지금 완도로 가자면 남창 앞에
달도라는 섬이 있어요.
그 앞의 그 사이가 제일
호남 일대는 제일 깊더랍니다.
그런데
'얼마나 깊은가 보자.'
거기에 한 번 내려가 보니까 그래도 겨우
마고할미의 넓적다리에 닿더래요."

인간 세상으로 온 여신 〈마고할미〉,
《원문대조 한국신화(민속원)》 68p, 이복규, 양정화 엮음

가까운 중국에도 비슷한 여신 신화가 있다. 재미있는 것은 중국에서는 마고가 아름답고 젊은 여신으로 전해지지만 한국은 다르다는 점이다. 이것만 봐도 예전의 우리는 할머니라는 존재를 지금처럼 힘이 없거나 무기력한 존재로 인식하지 않았다. '여신 리더십'이라고나 할까. 마고할미 여신은 생산적이고 이타적이며, 그러면서도 너무 완벽하지는 않은 인간적인 매력까지 있다. 회사 생활이나 조직생활을 좀 해본 사람들은 모두 공감할 리더십이다. 비생산적이고 이기적이며 공감능력 제로인 리더가 얼마나 조직원들을 답답하게 하는지! 마고할미의 리더십이라면 누구라도 따라가지 않을 수 없을 것이다.

마고할미 설화가 궁금하다면 한반도 여러 곳에서 직접 눈으로 확인할 수 있다. 마고할미가 쌓았다고 하여 '마고산성'이라 부르는 성만 해도 전국에 수없이 많다. 경기도 양주의 노고산성(마고성), 충주의 마고산성, 거제의 마고산성, 양산의 마고산성 등이 있으며 지역에 따라 다양하게 변주되어 전해지는 마고할미 이야기들은 수없이 많다. 마고할미가 만들었다거나 그녀의 집으로 불리는 고인돌만 해도 그렇다. 강화도뿐 아니라 전남 화순의 고인돌 유적지에서도 마고할미 전설을 만날 수 있다. 전남 화순군 도곡면 효산리와 춘양면 대신리 사이의 계곡 일대에는 500여 개의 큰 바위들이 있다. 많은 바위들 사이에서 엄청나게 큰 바위 하나가 돋보인다. 이 지역 주민들에게 대대로 '평매바위'로 불려온 바위다. 평매바위에 전해지는 전설 역시 마고할미가 주인공이다.

> "마고할미는 어느 날 인근 운주골(전남 화순)에 천불천탑을 만든다는 소문을 들었다. 마고할미도 천불천탑 조성에 동참하고자 치마에 돌을 싸매고 운주골로 향했는데 가는 길에 닭이 울면서 천불천탑이 다 만들어졌다는 얘기를 들었다. 화가 난 마고할미는 치마폭의 돌을 발로 차버렸다."
>
> 『한국 민속대백과사전』

그러니까 마고할미가 찬 돌, 그 돌이 바로 길이 7m 길이에 4m 높이를 가진 평매바위라는 것이다. 그토록 거대한 바위를 치마폭에 싸매려면 마고할미의 치마는 얼마나 거대한 크기란 말인가! 옛사람들이 상상한 마고할미의 힘이 그저 놀랍기만 하다. 게다가 화가 나서 바위를 발로 차버렸다니, 마고할미의 발 크기는 가히 짐작이 불가능할 정도다. 게다가 바위를 발로 차버릴 정도라면 보통 성격은 아닌듯 하다. 충청북도 단양군에 있는 여덟 곳의 명승지인 단양팔경에도 마고할미의 전설이 전해진다. 단양팔경 중 제2경에 속하는 석문이 바로 그 이야기 공간이다. 이 전설은 하늘나라에서 물을 기르러 내려왔다가 비녀를 잃어버린 마고할미가 그것을 찾으려고 손으로 흙을 판 것이 99마지기의 논이 됐다는 이야기에서 시작된다. 마고할미는 잠시 들른 이곳의 풍경이 아름다워 머무르며 평생 농사를 짓고 살았다는데, 사람들은 선인이 농사를 지었다고 해서 그 논을 '선인옥답'이라고 불렀다. 이 때문인지 단양읍 도담리에 자리한 석문의 선인옥답에는 사랑, 건강, 사업 등 마음에 담아뒀던 소원을 빌기 위한 사람들의 발길이 지금도 끊이지 않는다.

경상북도 북부 지방에도 전승되는 마고할미 설화가 있다. 전설에 의하면 옛날에 하늘의 선녀인 마고와 고모(姑母), 두 할머니가 성 쌓기 내기를 했다. 마고할머니는 마원(馬院)의 마고산성을, 고모할머니는 마성면 신현리의 고모산성을 쌓게 되었다고 한다. 밤중에 할머니들이 바짓가랑이에 돌을 담아 구름을 타고 와서 하룻밤 동안 쌓던 중에 마고할매가 고모할매는 얼마나 쌓았는지 궁금해서 잠시 넘어보다 그만

패하고 말았다는 이야기다. 이것은 경북 문경시 문경읍 마원리에 전해지는 할미산성, 즉 마고산성에 얽힌 이야기다.

한반도에 전해지는 마고할미의 전설은 그 외에도 수없이 많고 변주도 다양하다. 지리산의 노고할미나 제주도의 설문대할망, 서해 바다의 개양할미 등도 모두 마고할미 계열의 이야기들이다. 강원도 주문진이나 경상북도 영천, 청송, 경남 거창 등지에서도 비슷하거나 다른 설화들이 존재한다. 그 이야기들 역시 대부분 성을 쌓거나 들판을 만들거나 고갯마루를 낮게 하는데, 그 주체는 모두 여성들이다. 이들은 거대한 몸집과 강력한 힘을 바탕으로 일을 수행했다는 공통점이 있다. 게다가 그들은 적당히 놀면서 일한다. 놀다가 오줌을 누면 바다가 되고, 손으로 땅을 훑으면 섬이 된다. 항상 전투적이며 끝없이 경쟁을 하고 파괴적인 남신들과는 사뭇 다른 느낌이다. 여신들은 결과보다 과정을 더 중시한다. 이 부분이야말로 지금 우리가 여신들의 이야기에 귀를 기울여야 하는 지점이라고 생각한다. 이 세상 만물과 지형을 창조하고도 때론 남신에게 자리를 물려주고 산신으로 밀려나는 운명에 처하기도 하지만 마고할미는 그깟 일쯤은 별로 개의치 않는 씩씩한 창조 여신이다.

10년 전, 처음 강화도를 찾아가 마고할미 이야기에 눈을 뜬 나는 그 뒤로도 매년 봄이 되면 종종 고려산에 진달래꽃을 보러 갔다. 그리고 10년이 흘렀다. 30대였던 우리는 모두 40대가 되었고 이제 몇 년 지나지 않아 오십이 될 것이다. 그때쯤에는 지금 남아 있는 여성성도 점점 사그라질 것이다. 그러다 보면 우리는 점점 할머니 방향으로 향하게 될 것이다. 지금도 우리는 나이 들어간다는 것을 쉽게 받아들이지 못한다. 그래서 이렇게 손을 잡고 유람인 듯 도피인 듯 알 수 없는 꽃놀이나 다니는 건지도 모른다. 아무려나 불로초는 찾을 수 없을 것이고 우리는 한발 한발 나이 듦 속으로 나아가야 할 것이다. 그렇다면 우리가 끝내 찾아야 하는 것은 우리 안의 여신, 마고할미처럼 주체적이고 이타적이며 약간의 빈틈을 가진 여성성이 아닐까!

지금도 가끔씩 강화도로 드라이브 갈 때마다 그녀는 매번 길을 잃고 이렇게 말한다.

"이제 어디로 가야 하지?"

우리는 짧디짧은 젊음이 스쳐가는 어느 지점에서 만나, 이제 마흔을 넘어 점점 자연 속으로 깊이 들어가야 할 것이다. 도시를 벗어나 한반도 곳곳에서 만나는 마고할미의 이야기처럼.

때로는 익숙한 길 대신 낯선 대자연 속에서 길을 잃어버릴지도 모르겠다. 하지만 행여 길을 잃으면 또 어떤가. 제대로 된 진짜 길을 찾으려면 길을 잃어봐야만 가능하다. 신의 존재인 마고할미도 그랬다. 치마폭에 감싸서 가던 돌을 놓치기도 하지 않았던가.

내년 봄에는 다시 강화도에 가야겠다. 아니, 한반도 어디를 가더라도 무료한 일상과 불길한 기운을 말끔히 털어줄 유쾌하고 씩씩한 마고할미를 만날 수 있다. 그곳에는 태초의 기억을 일깨워줄지도 모를 아름다운 전설이 우리를 기다리고 있다.

2부

제주의
여신들

영실로
가는 길

신화는 인류가 만든 최초의 이야기다. 굳이 비유하자면 신화는 세상에 존재하는 모든 이야기의 어머니, 즉 원형인 셈이다. 신화, 그중에서도 한국의 여신 이야기는 알아갈수록 더 흥미로운 분야다. 한국 여성 신화를 알면 더 많은 이야기들이 다양하게 창조될 수 있을 것이다. 대중문화의 주류인 웹툰이나 영화, 드라마의 소재나 주제도 상당 부분은 신화에서 가져온 경우가 많아지고 있다. 어떤 이야기는 신화를 재현한 것이고 어떤 이야기는 신화의 틀을 빌려와 이야기를 펼쳐 놓는다. 가히 신화 없는 대중 서사에 도달하기 어려운 시대다.

한국 여성 신화를 알아가면서 가장 흥미를 느낀 여신은 마고할미의 부류에 속하는 설문대할망이다. 옥황상제의 셋째 딸이자 막내라는 설문대할망, 그녀는 누구인가.

설문대할망은 하늘과 땅이 맞붙은 천상계 생활이 무료해진 어느 날, 하늘 바깥 세계에 호기심을 느껴 하늘과 땅을 갈라놓았다가 아버지의 노여움을 사고 말았다. 즉시 쫓겨난 설문대할망은 바깥 세계, 그러니까 하늘과 땅을 가르던 중 퍼 놓았던 흙을 치마폭에 담고 제주로 내려와서 그 흙을 내려놓았다고 한다. 제주가 열리는 순간이었다. 이 이야기는 우리에게도 꽤 익숙한 제주 탄생의 대표 설화다. 설문대할망의 이야기를 찾아서 제주 사려니숲으로 향했다. 비자림로를 시작으로 물찻오름과 사려니오름을 거쳐 가는 숲길로, 삼나무 숲이 우거진 지방도 제1112호선 초입에 위치한 사려니숲길. 이곳은 졸참나무, 편백나무, 삼나무 등 다양한 수종이 서식하고 있는 고도 550m의 숲길이다. '제주 숨은 비경 31곳' 중 하나인 사려니 숲길은 특히 트레킹을 좋아하는 여행자들에게 인기가 높다. '사려니'라는 이름은 '살안이' 또는 '솔안이'라고 불리는데 여기서 쓰이는 '살', 혹은 '솔'은 신성한 곳이라는 신역의 산 이름으로 쓰이는 말이다. 즉 사려니는 '신성한 곳'이라는 뜻이다.

사려니 숲길 인근에는 산굼부리가 있다. 산굼부리 설화에는 설문대할망이 등장한다. 할망은 천상연회 때 만나 사랑을 시작한 밤하늘의 별, 한감이라는 남자친구와 함께 제주에 왔다고 전해진다. 옥황상제에게 쫓겨난 둘은 구름과 바람길을 따라 천둥과 벼락을 치며 제주로 내려왔다고 한다.

제주 섬의 탄생과 역사 속에는 제주다운, 제주만이 가진 건강함이 느껴진다. 특히 서귀포 쪽은 제주도의 할머니로 불릴 만큼 신령스러움이 살아있는 지역이다. 유독 이 이대에는 할망의 전설, 제주 섬을 창조한 설문대할망의 전설이 많이 전해진다. 가장 자주 등장하는 전설은 할망이 하늘에서 가져온 흙을 뿌린 다음 나중에 한라산을 만들어 베개로 삼았다는 이야기다. 그리고 100만~150만 년 전 3개의 수생화산 연속 폭발로 만들어진 용머리 해안이 큰딸, 농도 짙은 용암이 끈적끈적하게 솟아오르다가 천천히 식는 바람에 종지 모양이 된 산방산이 두 번째 자식이라는 설이다. 제주 서쪽 한경의 수생화산인 차귀도는 45만 살에 이르러 산방산 다음으로 나이가 많은 섬이다. 언뜻 보면 바로 앞 수월봉이 형 같지만 실은 새까만 후손이다. 수월봉보다는 동북쪽 대척점에 있는 7만 살 된 우도가 형이다. 인간은 파란만장했던 제주의 자연을 거스를 수 없었기에 그저 경외하고 보존했다. 말이 뛰어놀고 소와 노루가 풀을 뜯는 중산간은 그렇게 오롯이 제주다움을 간직할 수 있었다.

설문대할망의 전설은 영실(靈室)에서 절정에 이른다. 그 전설을 눈으로 직접 확인하려면 한라산으로 가야 한다. 한라산 정상에 오르는 길은 관음사, 어리목, 영실, 성판악을 기점으로 하는 코스와 어리목 부근의 기생화산인 어승생악 코스가 있다. 한라산 등반로 최고의 코스 중 하나는 영실 코스다. 영실기암을 보기 위해 도착한 그날은 안개가 자욱했다. 어디선가 까마귀들이 간간이 날아가는 것이 그렇게 을씨년스러울 수가 없었다.

한라산 정상의 남서쪽 산허리에 탐방로 중 가장 아름다운 곳이라는 거기, 영실이 있다. 영실 소나무 숲은 제주에서는 보기 드문 소나무가 우거진 숲으로 해발 900~1,300m 정도에서 자란다. 제주의 바닷가 근처에서 흔히 볼 수 있는 흑갈색 나무껍질은 얇고 붉은색을 띤다. 영실기암의 '영(靈)'은 '하늘과 구름의 신' 또는 '죽은 사람의 혼백'이나 '죽은 이를 높이어 이르는 말'이고 '실(室)'은 집, 집안의 방, 거처 등을 말한다.

영실 탐방코스(영실~윗세오름)는 3.7km 길이로 대략 2시간 정도 소요된다. 영실 휴게소를 출발해 처음에는 비교적 완만한 길로 힘들지 않게 걸어 올라갈 수 있다. 주변 수목과 계곡의 풍경을 즐기며 쉬엄쉬엄 오를 수 있어 처음에는 꽤 만족스러웠다. 그러나 올라갈수록 점차 가파른 나무 계단이 정상을 향해 이어진다. 계단을 오르다 땀을 식히기 위해 뒤돌아보면 해발 1,400~1,600m 지점의 거대한 계곡이 눈에 들어온다. 그리고 오른편으로 시선을 돌리면 천태만상의 기암괴석들이 하늘을 찌를 듯 높이 솟아 있다. 이것이 바로 영실기암이다.

그랬다, 영실 코스에서 가장 매력적인 볼거리는 단연 영실기암이었다. 영실기암은 '오백나한바위' 또는 '오백장군바위'라고 불리는 곳으로 설문대할망의 전설이 깃든 곳이다. 영실은 그 이름처럼 어딘지 모르게 신령스러운 느낌으로 가득하다.

설문대할망과
오백장군 설화

   제주도는 연 강수량만 1,800mm로 한반도에서 비가
가장 많이 오는 지역이다. 대부분 영실기암을 찾는 날의 절
반은 흐린 날이고, 비가 내리지 않아도 안개가 자욱하게 끼
어 신비스러운 분위기를 자아내기로 유명하다. 실제로 영실
기암을 보기 위해 그곳을 찾았을 때, 안개가 자욱해 아련한
느낌이 들었다. 영실기암 위로는 구름이 덮여 있었고 우뚝우
뚝 솟은 석주들은 안갯속에서 금방이라도 슬픈 이야기를 쏟
아낼 것처럼 느껴졌다. '신령한 영(靈)들의 거처'라는 뜻인 영
실은 '나한들의 집'이란 말과 같다. '기암(奇巖)'은 '기이한 바
위'라는 뜻을 가지고 있다. 그럼 대체 무엇이 영실일까?

영실의 주체는 바로 '오백나한(五百羅漢)'이라고 하는 돌
기둥들이다. 그리고 돌기둥에는 설문대할망의 슬픈 전설이
오롯이 숨 쉬고 있다.

　제주에는 '설문대할망과 오백장군'이라는 설화가 있다.
설문대할망은 키가 엄청나게 커서 한라산을 베개 삼아 누우
면 한 발은 성산 일출봉에, 또 한 발은 현재 제주시 앞바다에
있는 관탈섬까지 걸쳐진다는 그야말로 거인 여신이다. 할망
은 관탈섬에 빨래를 놓고, 팔은 한라산 꼭대기를 짚고 서서
발로 빨래를 문질러 빨았다고 한다. 제주에 있는 360여 개의
많은 오름들은 설문대할망이 제주를 만들기 위해 치마폭에
흙을 담아 나를 때 치마의 터진 구멍으로 조금씩 새어 흘러
형성된 것이고 마지막으로 날라다 부은 것이 한라산이 됐다
는 이야기가 있다. 설문대할망에게는 500명의 아들이 있었
다. 어느 날 설문대할망은 500명의 아들들을 위해 죽을 끓이
다 발을 헛디뎌 죽에 빠지고 말았다. 저녁에 돌아온 아들들
은 그런 사실도 모르고 어머니가 끓여놓은 죽을 먹으며 오늘
따라 유난히 맛있다며 아우성이었다. 막내아들만은 어머니
가 보이지 않는 것이 어쩐지 이상해 죽을 먹지 않았다. 나머
지 아들들은 죽을 다 먹고 나서야 밑바닥에 사람의 뼈가 있

는 것을 보았고 그제야 어머니가 보이지 않는 이유를 깨닫게 되었다. 막내아들은 어머니의 살을 먹은 형제들과는 같이 살 수 없다며 서귀포 삼매봉 앞바다로 내려가서 슬피 울었고 곧 외돌개가 되었다. 나머지 형제들은 어떻게 되었을까? 막내를 제외한 나머지 아들들은 그 자리에 늘어서서 한없이 울다 지쳐 몸이 굳어져 갔다. 그렇게 해서 그들은 기암괴석의 군상이 되고 말았다. 사람들은 이 바위들을 '오백장군' 또는 '오백나한'이라고 한다. 이곳이 바로 '영실'이다. 그러니까 '영실기암'이라고 불리는 그 바위들은 설문대할망의 아들들이다. 가히 비극적이다.

영실의 자욱한 안갯속에서 설문대할망의 슬픈 전설을 떠올린 후 다시 탐방로를 따라 내려온다. 걷는 동안 소나무에서 뿜어져 나오는 솔향이 짙게 풍겨왔다. 어디선가 설문대할망이 지그시 바라보고 있을 것만 같은 기분이 든다. 설문대할망은 제주와 제주의 만물을 낳는 대모신, 섬이라는 공간을 가득 채우고 넘치는 거대한 풍요의 여신이다. 신화는 역사를 구비전승한다. 표면은 신화지만 이면에는 숨겨진 역사를 담고 있다. 그런 면에서 설문대할망 신화는 어찌 보면 좀 엽기적이다. 아들들을 위해 죽을 끓이던 할망이 거대한 죽솥에 빠져 죽는다니! 그리고 그 죽을 아들들이 먹는다! 이 무서운 이야기를 어떻게 해석해야 할까.

　　남성 중심 신화에서는 여성이 늘 젊고 아름답게 그려져 왔다. 여성의 아름다움을 차지하기 위해 신화 속 남성은 전쟁을 불사한다. 그러나 우리나라 설문대 신화에서 여신은 할망으로 그려져 있다. 나이 든 여성, 젊음과 아름다움이 지나가버린 여성의 존재를 그렸다는 점이 나는 무척 흥미롭게 느껴졌다. 설문대할망은 지혜롭고 용기 있는 여성의 좋은 상징이지만 모든 것을 다 주고 자기의 목숨까지 내어주는 어머니상에 기꺼이 동의하고 싶지는 않다. 왜 모든 어머니는 기꺼이 희생하고 실패하는 여신이어야 할까. 대자연이라는 어머니는 현실 속의 어머니가 그러하듯 늘 인자할 수만은 없다. 자연은 인간에게 필요한 삶의 터전과 자양분을 제공하지만 때론 가차 없이 인간을 공격해서 위험에 빠지게도 한다. 하지만 재해라는 것도 인간 입장에서의 표현일 따름이다. 자연은 그저 묵묵히 제 나름의 체계 속에서 돌아갈 뿐이다. 그것은 자애로운 어머니처럼 우리를 감싸 안지만 때로는 힘없는 인간을 꿀꺽 집어삼키기도 한다. 인정사정없다.

　　제주에선 매해 설문대할망제가 열린다. 일만 팔천 신들

의 섬, 제주도. 척박한 삶을 의지하기 위해 그토록 많은 신이
필요했던 섬, 제주에서 그중 으뜸이 여신 설문대할망이다.
그래서인지 단편적인 전설이나 민담으로만 전해지던 할망
의 이야기가 축제를 통해 사람들의 삶 속에서 다시 살아나고
있는 것은 반가운 일이다. 설문대할망 축제는 제주 돌문화공
원에서 개최된다. 제주의 정체성과 제주 문화의 원류를 설문
대할망 신화 속에서 찾아보기 위해 한라산에 철쭉꽃이 피는
5월을 '설문대할망의 달'로 정했기 때문이다. 그 한 달 동안
돌문화공원은 그야말로 여신들의 놀이터가 된다. 어디선가
설문대할망의 호탕한 웃음소리가, 거대한 발소리가 들려오
는 것 같다. 제주는 신화가 삶 속에 스며든 곳이다.

오백장군의 어머니 설문대할망은
굉장히 키가 클 뿐만 아니라 힘도 세었다.
흙을 파서 일곱 번 떠서 던진 것이
한라산이 되었으며,
도내 여러 곳의 산들은 다
할머니가 신고 있던
나막신에서 떨어진 한 덩이의 흙들이다.
그리고 오백형제나 되는

많은 아들을 거느리고 살았다.

제주도를 만든 여신〈설문대할망〉

「원문대조 한국신화(민속원)」 54p, 이복규, 양정화 엮음

이 구전 설화는 이런저런 곳에 소개되어 우리가 익숙하게 아는 내용이다. 설문대할망은 성산 일출봉에서 길쌈을 하기도 했고, 백록담을 깔고 앉아서 우도를 빨래판 삼아 빨래를 했다고 전해진다. 할망의 길쌈 덕에 제주도에는 마을이 생겨났고 살림살이가 만들어졌다. 그렇게 할망의 빨래로 인해 세상은 매일 새롭게 깨끗해질 수 있었나 보다. 한라산을 베개 삼아 누운 거대한 할망은 그 엄청난 힘으로 제주를 만들었다. 이 이야기는 하늘과 땅을 분리하는 거인 창세신화적 성격을 지니고 있지만 아쉬운 부분도 있다. 하지만 신화라는 것은 그 원형을 바탕으로 후대에서 얼마든지 변주될 수 있는 게 아닐까. 길쌈과 빨래로 제주를 만들고 유지시켰던 설문대할망의 전설이 비극적인 죽음으로 끝나지 않았더라면 얼마나 좋았을까 싶다.

"무사 그런 걸 따지고 있니?"

어디선가 할망의 호통 섞인 호탕한 웃음소리가 들려오는 것 같다. 설문대할망의 인생이 비극으로 끝나지 않는 소설, 드라마, 할망의 캐릭터를 살린 멋진 영화들이 앞으로 더 많이 나오면 좋겠다. 결국 신화는 이야기니까.

내가 제일 잘나가,
백주또할망의 당당함을 보라

제주도는 섬이다.

마음만 먹으면 한나절 부지런히 달려 차로 한 바퀴 다 돌 수도 있을 것이다. 행정상 하나의 섬으로 불리지만 제주도만큼 지역마다 날씨와 기후 차이를 확연히 느낄 수 있는 곳은 드물다. 그리고 보면 남한에서 가장 높은 한라산이 중심에 있으니 사방팔방 기후나 자연생태가 다를 수밖에. 차를 타고 이동할 때 한라산 중턱을 넘어 제주시에서 서귀포시로, 혹은 그 반대로 넘어가 보면 확연히 느낄 수 있다. 엄청난 바람과 비를 뿌려대는 잔뜩 흐린 날, 짙은 안개를 뚫고 한라산 중산간 도로를 건너 다른 지역으로 넘어가면 알 수 있다. 언제 그랬냐는 듯 그곳의 날씨는 화창하게 개어 있다.

제주도 남쪽은 대만 쪽에서부터 올라오는 따뜻한 해류 덕분인지 따뜻한 바람과 풍부한 강수량 그리고 일조량 덕에 귤밭이 펼쳐진 초록색 풍경을 자주 만날 수 있다. 반면 북쪽은 겨우내 불어오는 북극의 세찬 바람을 그대로 맞아서인지 땅으로 누운 나무들을 쉽게 볼 수 있다. 제주도 동쪽은 특히나 바람이 많다. 한겨울 바닷가에서 주의 없이 차문을 열다가는 큰 낭패를 당한다. 집에서 밖으로 나오는 문도 제대로 열지 못하는 상황이 종종 있다. 그래서인지 바닷가는 모래언덕들이 쌓인다. 한때 동쪽의 어느 마을은 전국에서 가장 땅값이 싼 곳으로 알려지기도 했다. 그런데 세상이 달라져 해안가 개발의 광풍을 맞은 지금 그곳은 제주에서도 땅값 비싸기로 소문난 곳이 되었다. 모래언덕들이 마구 파헤쳐지고 삐죽삐죽 정체 모를 건물들이 해안가를 차지하고 있다. 물신숭배의 광풍이 제주도라고 해서 비켜가지는 않은 모양이다. 제주의 여신은 지금의 제주도를 보며 어떤 생각을 하고 있을지 자못 궁금해진다.

제주에 갈 때마다 잊지 않고 들리는 지역, 송당. 제주도 동쪽에 위치한 오름의 본향이다. 제주도 전역에는 360여 개가 넘는 오름들이 있다. 그중 외지인들에게 제일 먼저 알려져 유명세를 치른 용눈이오름이 있고, 4.3 사건 당시 한 마을이 전부 사라져버린 아픈 기억을 간직한 다랑쉬오름이 있다. 이런 대표적인 오름들이 송당에 있다. 지명부터 어딘가 모르게 신령스럽다. 송당은 소나무와 신당이 있어 붙여진 마을 이름이다. 송당의 당오름에 가다 보면 본향당이 있다. 송당은 제주도 당신(堂神)들의 어머니라 불리는 백주또(금백조) 신화가 깃든 곳으로 본향당은 백주또를 모시는 당이다. 본향당에 들어서는 길에는 소원나무들이 서 있는데 종이 위에 쓰인 다양한 소원들이 가지마다 걸려 있는 것을 볼 수 있다. 그리고 입구에는 백주또와 소로소천국이 낳은 18명의 아들과 28명의 딸을 형상화한 석신상이 층층이 서 있다. 이들 자녀와 또 그 자녀들은 제주 전 지역으로 뻗어나가 각각 386개 마을의 당신이 되었다. 그래서 송당 본향당을 제주도 각 마을 당의 조상으로 여기나 보다. 궁금해진다. 자식을 46명이나 나았다니, 백주또와 소로소천국은 그렇게 사이가 좋았던 걸까?

제주도 무속 당본풀이로 보면 강남천자국 백모래밭에서 태어난 백주또가 제주도로 건너와, 가죽옷을 입고 사냥을 하

며 살던 소로소천국을 점찍어서 부부의 연을 맺었다. 백주또
는 사냥으로 연명하며 소나 돼지를 통째로 구워 먹는 소로
소천국에게 아홉 마지기 밭농사를 권유하여 자손들을 여럿
낳고 살았다. 그러나 백주또할망이 "육식 금기를 어기고 남
의 소까지 잡아먹은 소로소천국과는 더 이상 살 수 없다" 하
여 살림을 분산하여 따로 살았는데, 백주또할망은 웃송당(윗
송당마을)에, 소로소천국은 알손당(아랫송당마을)에 거처를 마
련하여 살았다. 이런 신화를 바탕으로 백주또할망은 농경 여
신으로, 소로소천국은 목축의 신으로 모셔진다. 흥미로운 부
분은 살림을 분산하여 따로 살았다는 지점이다. 이 대목에서
나는 그만 무릎을 치고 말았다. 결혼생활이 힘들어지는 이유
는 공간을 함께 쓰기 때문이 아닌가? 백주또할망의 혜안에
절로 고개가 숙여진다.

인간이 만든 문명을 떠나 원시 자연과 가까워질수록 인
간은 신에게 의지하게 된다. 그도 그럴 것이 가냘픈 몸뚱아
리만 하나 있는 인간이 매서운 자연 앞에서는 한없이 작아지
기 때문이다. 아니, 반대로 인간들은 오랜 시간 자신들의 문
명을 만들어가며 신을 멀리하게 되었을 것이다. 어느 계절이
건 제주도에 도착하는 순간, 자연의 힘을 느낄 수 있다. 제주

는 내 의지로 바깥을 다니고 싶다고 해서 쉽게 다닐 수 있는 곳이 아니다. 특히나 바람이 많이 부는 제주도 동쪽에는 해안가 주위로 모래바람이 많이 날린다. 영양 좋은 검은 화산토임에도 여기는 모래가 많이 섞여서 그런지 주로 구황작물을 심는다. 당근, 더덕, 무 등이 그런 농작물이다. 쉽사리 오름에서 뛰노는 소나 말을 볼 수도 있다. 농경문화와 목축문화가 그렇게 자연스레 섞여 있다. 제주에 사는 사람들의 마음이 이들 신화 속에 남아 있음을 쉽게 짐작할 수 있다.

송당에서 백주또할망을 만나고 나서 내가 가장 감동을 받은 것은 여성의 적극적인 선택과 의지라는 부분이었다. 자신의 배필을 찾아 바다를 건너오고 아니다 싶으면 자신의 의지로 분가를 결정하는 여신! 이곳 사람들의 정서를 반영한 것인지 바람을 반영한 것인지, 독립적인 제주도 여성들의 성향을 신화에서도 잘 반영하고 있다는 생각이 들었다. 홀로 잘 살 수 있어야, 둘이서도 잘 살 수 있다. 사랑한다는 이유로, 혹은 결혼했다는 이유로 상대에게 지나치게 의지하는 우리의 모습을 돌아보게 된다.

'제주' 하면 바다가 떠오르지만 유독 초록이 느껴지는 곳이 송당이다. 여름에 찾으면 여름 풀들 위로 소금기 가득한

바람을 느낄 수 있다. 나는 백주또할망의 심정으로 송당의
초록 풍경을 가만히 바라본다. 복닥거리는 일상은 믿을 수
없을 만큼 지루하고 삶은 너절하지만, 그날 바라본 송당은
영원처럼 아름다웠다.

제주에서 만난 우리 여신들

:가믄장아기, 현씨애기, 자청비

제주의 여신은 자연의 여신이다. '할망당'으로 불리는 제주의 신당을 보고 있노라면 자연히 그런 생각이 든다. 제주는 할망들의 아름답고 신비로운 땅이니까. 멀리 드넓게 펼쳐진 제주의 푸른 산하에는 설문대할망이 이끄는 1만 8천의 신들이 있다. 그 여신들의 이야기를 알고 제주를 만나게 되면 관광지로 방문했을 때와는 전혀 다른 감동을 느낄 수 있다.

고려 때인 12세기 초까지 '탐라국'이라는 독립국으로 존재했던 제주는 숱한 외세의 침략과 지배로 인해 눈물 젖은 역사를 가지고 있다. 현대사의 거대한 비극인 제주4.3으로 입 막고 눈 감은 채 긴 세월을 살아온 제주 사람들은 그래서 붉은 동백을 닮았다. 거친 자연과 아픈 역사를 가지고 살아가려다 보니 자연스럽게 신에 의지할 수밖에 없지 않았을까.

제주에는 그만큼 많은 신당이 있다. 과거에 비해 많이 위축되었다고는 하지만 여전히 정기적인 제의들이 치러지고 신들의 이야기가 굿판으로 생생히 전해진다. 인간의 눈으로 보아선 안 될 것들을 보았던 살아있는 자들이 삶을 견디기 위해 믿고 의지한 제주의 여신들. 지금도 그곳에 가면 살아 숨 쉬는 여신들의 이야기를 만날 수 있다.

운명의 여신, 가믄장아기

솔직히 요즘 가족은 예전 같지 않다. 가족이 함께 둘러앉아 단란하게 식사하며 이야기꽃을 피우는 풍경도 보기 쉽지 않은 시대다. 팬데믹 이후 그런 경향은 더욱 짙어졌는데 각자의 생활 패턴이 다르다 보니 이제 밥을 따로 먹는 건 흔한 일상이 되었다. 우리 집 역시 그렇다. 아이가 어릴 때는 그나마 함께하는 일이 많았지만, 아이가 커버린 뒤로 나는 나대로 아이는 아이대로 각자의 생활이 있다 보니 밥상머리

대화를 하기가 어려워졌다. 어쩌다 함께 밥을 먹게 되더라도 대화는 어긋나는 경우가 많다. 그 어긋남이란 욕망의 방향이 서로 달라 생기는 경우가 많은데, 다소 아쉬운 마음이 좀 들더라도 나는 또 그런대로 흘러가야 한다고 여기는 쪽이다.

그런데 여기, 부족함 없이 모든 것이 만족스럽고 뿌듯하기만 했던 한 부자 아버지가 있다. 아버지는 세 딸을 차례로 불러 이런 질문을 던졌다. 제주에 전해지는 또 다른 여신, 가믄장아기 이야기다.

"감은장아기 들어오너라. 물어보자.
　너는 누구 덕에 사느냐?"

"하느님의 덕입니다. 지하님의 덕입니다.
　어머니, 아버지의 덕택인들 없겠습니까마는
　하온데 나는 배꼽 아래 선실금이 덕입니다."

"내 자식이 아니다. 나가라."

어머니와 아버지는
검은 암소에 입던 옷을 모두 놓고

늦인득이 정하님과 같이 가라고 내쫓으니,

비가 줄줄 오고 있는데도 나간다.

감은장아기는 염주알 같은 눈물이

연주반에 비가 지듯 울면서

아버지와 이별하고, 어머니와 이별하고 나간다.

복을 주는 운명의 신 〈삼공본풀이〉 중,

《원문대조 한국신화(민속원)》 626p, 이복규, 양정화 엮음

이 이야기는 제주도에서 전승되어온 〈삼공본풀이〉 중 일부분이다. 이야기 속 부자 아버지는 가믄장아기의 대답에 화가 난 나머지 막내딸을 쫓아내고야 말았다. 아버지의 호통을 들은 가믄장아기는 어떻게 했을까? 그녀는 크게 동요하지도 않고 검은 암소에 먹을 양식을 싣고는 이렇게 답했다.

"어머님, 잘 사십시오. 아버님, 잘 사십시오."

딸이 없긴 하지만 만약 내 딸이 이렇게 말하고 떠난다면 어떨지 한번 생각해봤다. 처음에는 괘씸한 생각이 들 것도 같지만 입장을 바꿔 생각해보면 사실 그 상황은 아버지가 자

처한 일이다. 한국 사회에서 부모와 자식의 관계는 그리 단순하지 않다. 그들의 희생이 감사하기는 하지만 종종 부모의 과한 사랑과 집착이 자식의 영혼을 속박하는 덫이 되기도 한다. 요즘 흔히 말하는 심리학 용어인 가스라이팅(Gaslighting)에 해당된다는 생각마저 든다. 자식의 주체적인 삶을 가로막는 관계가 되기 쉽기 때문이다. 가믄장아기의 아버지가 딸에게 강조하고 싶었던 건 바로 이거다.

'잊지 말거라!
너는 내 덕에 먹고 입고 잘 사는 나의 예쁜 딸이야.'

나는 좀 끔찍하다는 생각이 들었다. 진짜 사랑은 생색내지 않아야 하기 때문이다. 자신의 존재를 주입하는 부모의 사랑은 집착에 가깝다. 아이의 학교생활에 지나치게 개입하거나 스무 살이 넘은 딸에게 통금시간을 정해주고 으름장을 놓는 부모, 혹은 자녀가 어떤 곤란한 상황에 빠지건 말건 집에 들어올 때까지 전화를 수십 통씩 해대는 부모들은 여전히 주위에 많다. 자식이 서너 살도 아니고 스무 살이 넘었는데도 그렇다. 무엇이든 넘쳤을 때 문제가 되는 게 아닐까? 적당한 나이가 되면 세상 구경도 하고, 자잘한 사고도 치고 사람에게 상처를 받았다가 스스로 회복도 하면서 차근차근 성장해가는 것이 정상이다. 세상 돌아가는 이치도 깨닫지 못하고 몸만 큰 어른아이로 성장하는 것이 나는 더 큰 문제라고 생각한다. 그래선지 부모에게 "잘 사십시오"라고 말하고 떠나는 가믄장아기의 당돌함이 무척이나 마음에 든다. 다만 아버지를 박차고 나섰으니 그녀는 이제 험한 세상을 저 혼자서 헤쳐 나가야만 한다. 화가 치밀어 똑똑한 딸을 내쫓은 부모와 당차게 집을 나간 가믄장아기는 이후 어떻게 되었을까?

가믄장아기가 말하길 "하늘님, 지하님, 어머님, 아버님 덕도 다 인정하지만, 나는 내 복으로 잘 산다"고 대답한 부분이 있다. 자신의 근본을 헤아리면서 그 안에서 주체적인 존재로서의 자신에 대한 믿음이 있었던 거다. 그렇게 자기 복을 증명한 당차고 똑똑한 가믄장아기는 결국 자력으로 남자를 얻고, 마 파던 땅을 개척해서 금덩이, 은덩이가 나오는 땅으로 만들어 부자까지 된다. 적극적이고 당당하게 자신의 삶, 자신의 운명을 개척한 가믄장아기는 어찌 보면 직업의 여신이라고 할 수 있겠다. 그러니 가믄장아기가 될 수 없는 '당당하지도 혹은 솔직하지도 못한' 여성들은 진정한 페미니스트가 될 수 없다. 현실에 타협하고 순응하는 것, 인형과 같

은 삶을 사는 것, 잘난 체하고 자신의 이익만 취하려 든다면
이러한 업의 대가로 가믄장아기 이야기 속의 우매한 여성들
처럼 청지네와 말똥버섯의 몸으로 환생할지도 모를 일이다.
실로 섬뜩한 이야기가 아닌가.

집을 떠나 정처 없이 길을 걷는 가믄장아기의 심정을 가
만히 헤아려봤다. 해는 서산에 기울기 시작하고 칠흑 같은
어둠 속을 걸어가면서 그녀는 무슨 생각을 했을까. 복종하
는 삶을 버리고 스스로 삶을 개척해나간 가믄장아기는 스스
로 운명을 바꾼 여신이다. '성격이 운명을 창조한다'는 말을
어디선가 들은 적이 있다. 운명은 자기에게 주어진 상황이나
조건에 어떻게 맞서느냐에 따라 결정되는 거니까. 성격을 바
꾸면 운명도 바뀔 수 있을까? 물론 쉽지 않은 일이다. 다만
인생의 주인은 결국 자신이라는 아주 단순한 사실을 이야기
하는 가믄장아기 신화에 절로 고개가 끄덕여진다.

위로와 치유의 여신, 현씨애기

옛날 이 마을에 현씨 남매가 살았다. 동생인 현씨애기는

어려서 신병을 앓고 난 후, 커서 심방이 되었다.

그런데 어느 날 오빠가 바다에 나갔다가 모진 광풍에 파

선 당해 죽고 말았다.

이 소식을 들은 현씨애기는 '내가 살아서 무엇하리오'라

고 한탄하며 바다에 떨어져 죽었다.

마을 사람들은 그녀를 위한 당을 세워주었다.

제주 서귀포시 성산읍 신천리, 현씨일월당에 모신 신인 현씨애기씨의 이야기로 당의 유래를 말해주는 본풀이다. 어린 나이에 오빠를 잃은 현씨애기의 한을 풀어주기 위한 신당인데 그녀는 심방이었다고 한다. '심방'은 제주에서 무당을 가리키는 무속용어다. 이 세상과 저세상을 연결하고 소통시키는 특수한 일을 수행하는 이들이다. 그러니까 현씨애기씨는 스스로 바다에 몸을 날려 먼저 저세상으로 간 오빠를 위로하려고 했던 것 같다. 거친 자연에서 살아가는 제주의 어부와 해녀들의 삶은 그 자체가 이승길과 저승길을 왔다 갔다 하는 삶이다. 그런 삶을 살아야 했던 제주 사람들에게 현씨애기씨의 죽음은 그냥 죽음이 아니다. 가만 생각해보면 이런 신당이 제주 사람들에게 가진 의미가 무엇인지 조금은 짐작할 수 있다.

사랑과 농경의 여신, 자청비

　몇 년 전, 한 기사에서 화성과 목성 사이에 있는 소행성 대에서 가장 큰 천체인 왜행성 세레스(Ceres)에 우리말 지명이 붙게 되었다는 소식이 보도되었다. 국제천문연맹(IAU)에서 2017년 8월 말에 발견된 구덩이 13곳의 지명을 공식 승인했는데 그중 한 곳에 '자청비(Jacheongbi)'라는 한국의 신 이름이 포함되었다는 내용이었다. 자청비(自請妃)는 제주도의 전통신화인 세경신 이야기 〈세경본풀이〉의 주인공이자 농업을 주관하는 여신이다. 온갖 시련을 이겨내고 사랑하는 사람과 혼인하는 강인한 여성인 자청비가 세레스의 크레이터 이름으로 정해진 이유는 로마의 농업신인 케레스에서 비롯된 세레스의 지명과 어울리기 때문이란다. 전 세계 농업의 신들 가운데서 제주도 여신 자청비가 선택된 것은 왠지 모르게 어깨가 으쓱해지는 이야기다. 하지만 정작 우리는 운명을 개척한 우리 여신 '자청비'에 대해 얼마나 알고 있을까?

　　자청비가 연하 못에서 빨래를 하고 있는데,
　　난데없이 말방울 소리가 나서 고개를 들어보니
　　하늘 옥황 문국성 문 도령이 청마를 타고,

말이 목마를까 싶어

연하 못 물을 먹이러 오는구나.

자청비는 못 본 것처럼 하며 빨래를 하는데,

문국성 문 도령은 심술을 부려

자청비 빨래하는 앞으로 가서

청마 머리를 확 돌리면서 물을 흘트려버린다.

자청비는 그렇게 해도 모르는 척 빨래를 하는데,

문 도령은 자청비가 무슨 말을 할 때까지

기다리다가 아무 말도 하지 않으니

이젠 할 수 없이 참다 참다 지쳐서,

"애기씨! 물이나 한 바가지 떠주십시오.

먹고 가게."

자청비는 바가지에 물을 떠서 버드나무 잎을 흩어 넣어

내밀었다.

운명을 개척한 세경신 〈세경본풀이〉 중,

《원문대조 한국신화(민속원)》124p, 이복규 양정화 엮음

이 장면은 하늘 옥황 문국성 문 도령과 자청비가 처음
만나는 장면이다. '스스로 여자 되기를 청하였다'라는 의미

의 이름인 자청비는 가부장 사회의 규제를 벗어나 남장을 하면서까지 공부를 했다. 사랑하는 남자에게 용기 있게 자신의 매력을 어필하고 우여곡절을 겪으며 사랑을 쟁취하는 여성, 자청비. 요즘 드라마에 나오는 여자 주인공 캐릭터들보다 훨씬 더 진보적인 여성이 아닌가! 개인적으로는 이야기의 뒷부분도 꽤 마음에 들었다. 사랑을 이룬 자청비의 인생은 '그래서 왕자와 공주는 행복하게 살았습니다'로 싱겁게 끝나지 않았기 때문이다.

자청비 신화는 이야기 뒷부분에서 좀 다른 방향으로 전개된다. 자청비의 인생이 또 한 번의 터닝포인트를 맞게 되는데, 그 원인을 제공한 자가 바로 사랑하는 문 도령이다. 이런 것을 두고 사랑의 아이러니라고 하는 걸까. 한때 너무 사랑한 나머지 하루만 못 봐도 죽을 것 같아서 결혼했는데, 이젠 그 남자가 꼴 보기 싫어서 죽을 것 같다고 말하는 주부들의 모습과 겹쳐진다. 역시 사랑이란 이루어지고 나면 창밖으로 홀연히 사라져버리는 것인가 보다.

자청비의 선택은 끝까지 깔끔했다. 그토록 사랑했던 문 도령이지만 크게 실망하고는 뒤돌아보지 않았다. 씨앗을 가지고 인간 세상으로 내려오는 선택을 했으니 말이다. 끝난

인연을 이어가는 데 연연하기보다 사랑은 그만 접고 자신만
이 할 수 있는 일을 찾아 나서는 자청비의 선택이 나는 몹시
마음에 들었다. 자청비는 기존 여성성의 틀을 거부하고 자신
의 욕망과 목표에 충실한 새로운 여성상을 제시하면서, 건강
하고 진취적인 여성상을 보여준 세계적으로도 좀처럼 보기
드문 캐릭터다. 어쩌면 조만간 넷플릭스나 디즈니에서 자청
비라는 여신을 만나게 되지 않을까? 성 역할에 대한 경계가
전혀 없고, 사랑에 빠지면 노력하여 그것을 취하지만 사랑이
끝나게 되면 가차 없이 떠날 줄 아는 여신. 와! 정말 쿨하지
아니한가?

척박한 화산섬, 제주엔 유독 신화가 많다. 신화가 아니고
서는 그들의 힘든 삶을 위로받고 의탁할 길이 없어서 그런지
도 모르겠다. 특히나 1만 8,000여 신의 태반이 여신이다. 먼
바다로 나간 남자들은 돌아오지 못하는 경우가 많았을 테
니 가난했던 제주엔 아무래도 돌·바람·여자들이 주로 남겨
졌을 것이다. 거친 생존환경에 지친 여자들에겐 삶을 견디고
이어가게 할 이야기, 즉 신화가 필요했다. 그것도 생명과 풍
요와 위로의 상상물인 강한 여신들이어야만 했다. 제주뿐 아
니라 한반도 곳곳을 다녀보면 어디에서나 여신들의 이야기

를 만날 수 있다. 조금만 관심을 기울이면 우리가 미처 몰랐던 여신들의 흔적이 우리 주위에 남아 있다. 거구의 몸집에 커다란 팔뚝을 하고 산처럼 솟은 베틀로 옷감을 짠 그녀들은 산과 강, 그리고 바다를 접시 물처럼 여기며 걸어 다녔다. 자연의 왕성한 생명력이 넘치는 존재들이 아닐 수 없다.

3부

산의

여신들

영도할매가 말했다,
단디하라고

　여행을 떠나는 자에게 어떤 장소는 두 가지로 나뉜다. 이미 가본 곳과 아직 가보지 못한 곳. 솔직히 가본 곳은 여행에 대한 기대가 덜해 두 번 이상 찾게 되지 않는다. 그런데 갈 때마다 설레는 곳이 몇 군데 있다. 그중 하나가 부산이다. 왜 그런지 부산은 갈 때마다 기대되고 설렌다. 아마도 서울에서 태어나 줄곧 자라온 나에게 그곳은 '세상 끝'의 이미지로 각인되어 있기 때문일 거다. 서울역에서 기차를 타고 갈 수 있는 경부선 마지막 기착지, 부산. 어른이 된 이후에도 부산은 여전히 갈 때마다 설렘을 주는 장소다.

　팬데믹이 찾아오기 전, 마지막으로 부산국제영화제를

찾았을 때 나는 부산에서 또 한 번의 새로운 경험을 했다. 해운대에 있는 영화의 전당 광장에서 영화제 공식 음료로 팔고 있던 커피를 한 잔 마셨는데, 영화제가 제공하는 낯선 영화들의 충격만큼이나 색다른 맛이었기 때문이다. 뭐랄까, 상상을 자극하는 향기와 이미지를 그리는 맛이라고나 할까? 시간이 흘러도 그 커피 맛은 좀처럼 잊히지 않았고, 다시 부산에 갈 일이 생겨서 결국 그 커피 집을 수소문해 찾아갔다. 그곳이 바로 영도였다. 상상을 자극하는 맛과 향기를 품은 그 커피는 부산 영도의 남항시장 옆 골목길에 자리 잡고 있었는데 폭탄(?) 머리를 한 언니가 직접 운영하는 조그만 로컬 커피점이었다. 그 언니는 폭탄 머리만큼이나 카리스마 있는 표정과 아우라를 가졌는데 그 작은 공간에서 조용히 커피를 내리는 모습이 그렇게나 인상적일 수가 없었다. 당연히 커피 맛은 말도 못하게 좋았고, 그날 이후로 나는 영도 커피 마니아가 되어버렸다. 이후로 부산을 갈 때마다 그 커피점을 찾아간다.

어느 곳으로 여행을 가든 풍경의 감동은 금세 잊혀도 사람은 남는다. 사람을 만나고 알게 되면 그 장소는 두 번, 세 번 다시 찾게 된다. 그리고 어느덧 잠시 머무는 여행지에서 내 삶의 자장 안으로 들어온 여행지가 된다. 갑자기 궁금해진다. 나는 부산 영도의 그 커피 맛이 왜 그렇게 좋았을까?
어쩌면 그곳이 영도여서 그랬던 것은 아닐까?

　　부산의 원도심이기도 한 영도를 한눈에 잘 보기 위해서
는 영도다리를 두고 맞은편에 있는 용두산 공원이나 남포동
의 산복도로를 오르면 된다. 영도는 제주도의 한라산처럼 봉
래산을 중심으로 거칠 것 없이 한 번에 바다로 쭉 뻗은 형상
이다. 봉래산은 도교에서 신선들이 머무는 산으로 불로불사
의 약이 존재한다고 한다. 영도 봉래산의 정상 표지석 바로
뒤쪽에는 할매바위가 있는데 2미터 가량의 높이로 할머니가
치마폭을 둥글게 펴고 넉넉히 앉아 있는 형상이다. 그러니까
할매신이 영도를 굽어살펴 내려보고 있는 것이다. 아주 오래
전부터 영도 사람들은 이곳에서 기도를 하며 치성을 드렸다.
영도할매신이 머무는 이 산에서 바다는 멀고도 가깝고, 가깝
고도 멀다. 이 바다가 누구의 것이냐고 묻는 듯 할매의 쩌렁
쩌렁한 목소리가 귓가를 스친다.

　　우리나라 대부분의 명산이 그러하듯 영도의 산신인 영
도할매 또한 여신이다. 영도할매는 영도 사람들의 평안을 관
장하며 굽어살핀다. 할매를 둘러싼 설화가 하나 있는데 그녀

는 영도를 떠나고자 하는 이들을 벌하시기도 한다는 것이다. 할매가 그토록 아끼는 영도 사람들을 벌하신다니? 잘 이해되지 않는다. 한편으로는 일제강점기 때 재산을 가지고 영도를 떠나는 사람들을 잡아두기 위한 일본 관군들의 간계라는 말도 있다. 우리 신, 특히 여신들의 스토리를 찾아가면서 감동받은 지점은 여신들의 자비다. 그들은 서양의 어느 여신들과는 달리 복수나 처벌 등 부정적인 감정과는 거리가 멀다. 그저 넉넉한 마음으로 사람들의 평안을 기릴 뿐이다. 그래서인지 특히 할머니로 많이 형상화되는데 할머니들의 손자, 손녀들에 대한 마음은 부모 이상으로 애틋하다. 모두에게 할머니에 대한 기억만큼은 따뜻하게 남아 있는 이유도 그런 것이 아닐까.

재미있는 건 영도할매 이야기를 찾아가면서 부산 사람들에게 영도다리(영도대교)는 또 다른 의미로 각인되어 있음을 알게 되었다는 것이다. 어른들이 말썽꾸러기 아이들을 놀리듯 훈계할 때 '다리' 밑에서, 그것도 "영도다리 밑에서 주워 왔다"라고 말하곤 했다는 것이다. 물론 '다리 밑에서 주워 왔다'는 것은 다른 지역에서도 곧잘 쓰는 표현이긴 하다. 그러나 실제 한국전쟁 통에 부산의 원도심은 수많은 피난민들로 북적거렸고 전쟁고아들도 많았을 것이다. 부산 사람들에게 영도는 꽤 상징적인 공간이다.

"니는 영도다리에서 주워 왔다!"

그 말을 듣고 자신의 정체성에 대해 심각한 고민과 걱정을 하는 아이들의 골똘한 표정을 보며 심술궂은 미소를 지었을 어른들을 생각하니 슬며시 웃음이 난다.

이제 영도로 가보자. 빛바랜 주황색 영도다리를 건너 그 공간으로 접어드는 것은 그 자체로 테마파크에 들어가 놀이기구라도 타는 듯한 묘한 설렘을 준다. 발밑으로는 녹슨 바지선들이 큰 밧줄이며 이것저것 화물을 싣고 지나가기도 하고 고깃배가 힘차게 물살을 가로지르며 지나가기도 한다. 다리 끝에는 '깡깡이마을'로 불리는 곳에 다다르는데, 소규모 조선소들이 배들을 수선하며 내는 망치질 소리인 '깡깡이'에서 붙여진 이름이다. 백 미터는 될 듯한 높은 기중기들이 서 있는 큰 조선소들도 있다. 그래서인지 수리를 기다리는 혹은 건조를 마친 크고 작은 배들이 영도 주위를 즐비하게 줄을 맞춰 바다에 떠 있다.

깡깡이 마을에는 '그때 왜 그랬어요'라는 네온 간판이 고딕체로 세워져 있다. 해가 지고 나서 자갈치시장 쪽에서 이

쪽을 바라보면 이 글씨를 선명하게 볼 수 있다. 연인 혹은 누군가가 자갈치시장에서 소주 한 잔 걸치면서, 지난날의 오해를 풀기 위한 이야기를 이어가길 바라며 세운 것일까. 도시를 안내하는 어떤 관광안내문보다 머릿속에 강하게 남는다.

영도 또한 세월의 변화에 따라 모습이 조금씩 변하고 있다. 바닷가로 난 흰 여울마을은 MZ세대들이 발품을 팔아 찾는 곳이 되었고, 영도의 비워진 창고는 부산 비엔날레 전시장소로 활용되고 있다. 영도는 또 어떤 모습으로 변해갈까? 아! 영도에서 조용히 커피를 내리는 폭탄 머리의 언니는 비교적 늦은(?) 나이에 얻은 아이 사진을 인스타에 올리며 소식을 전한다. 내 아이도 아닌데 부쩍부쩍 커가는 아이를 보니 이내 마음이 포근해진다. 언뜻 듣기로, 젊었을 때 잠시 영도를 떠났다가 다시 고향으로 돌아와 커피를 내리는 그 언니는 주위의 크고 작은 프랜차이즈 자본의 위협에도 아랑곳하지 않고 온전히 자신의 힘으로 커피점을 운영하고 있다. 영도할매 여신이 넉넉한 웃음을 지으며 이들 모자를 굽어살피고 있지 않을까? 물론 인자함에 더해 따끔한 충고도 잊지 않을 것이다. 단디하라고.

땅의 여신,
정견모주를 만나다

　　강하고 신성한 어머니의 산을 이야기할 때, 지리산 만큼이나 빠지지 않는 명산이 있다.

　　가야산. 옛날 가야국이 있던 이 지역에서 가장 드높은 산이었기 때문에 자연스레 '가야의 산'이라고 불린 이 산은 해발 1,000m 내외의 연봉과 능선으로 둘러싸인 멋스러운 산이다. 《택리지》에서도 가야산은 태백산맥과 소백산맥에 있지 않으면서도 그 높고 수려함과 삼재가 들지 않는 영험함으로 인해 명산으로 불린 산이다. 우리나라의 명산에는 산신(山神)이 있는데 가야산에 있는 가야산신이 바로 정견모주(正見母主) 여신이다. 가야산에 가면 능선에 잠든 가야왕국의 신비를 만날 수 있을까? 땅의 여신의 모습을 마음속으로 그려보며 경남 합천으로 향했다.

경남 합천군 가야면 치인리에 있는 해인사에 가기 위해서는 홍류동 계곡을 따라 나 있는 오솔길을 걸어가야 한다. 아름드리 하늘로 뻗어 있는 소나무들이 내뿜는 진한 향기와 깊은 계곡에서 들려오는 힘찬 물소리를 듣고 이 길을 오르면 머리는 맑아지고 내 안의 모든 감각이 열리는 경험을 하게 된다. 이 공간은 우리 조상들에게도 많은 영감을 주었는데 이들 중 한 명이 가야산 정견모주 신화를 자신의 책에서 알린 고운(孤雲) 혹은 해운(海雲)의 호를 가진 최치원이다. 그에 대해서는 뒤에서 다시 이야기하기로 하자.

팔만대장경이 보관되어 있는 해인사는 송광사, 통도사와 더불어 우리나라 3대 보물 사찰로 일컬어지는 불교의 성지다. 오솔길이 끝나고 '가야산 해인사(伽倻山海印寺)'라고 적혀 있는 일주문을 지나면 본격적으로 해인사로 접어들게 된다. 이 길에는 1,200년 수령의 느티나무가 있다. 신라의 애장왕후가 순응과 이정 두 스님의 기도로 병이 낫게 되자, 애장왕이 고마움의 표시로 해인사를 창건할 수 있게 지원해주어서 이를 기념하여 심은 나무다.

지금은 고사했지만 이 나무는 사찰의 오랜 역사를 말없이 증언하고 있다. 사천왕상이 모셔져 있는 문을 지나면(왜 그런지 이 문을 지날 때마다 나는 두려운 마음이 든다. 지은 죄가 많아서일까.) 가파른 계단이 나타나는데, 서둘러 경내로 들어가려는 이들이 자칫 놓치기 쉬운 공간이 있다. 계단 오른쪽에 세워진 2평 남짓의 국사단(局司壇)이다.

이 국사단은 가야산의 산신이자 가야의 건국신화에 등장하는 정견모주를 기리는 단이다. 국사단에는 두 어린 아들을 굽어보고 있는 정견모주가 불화로 그려져 있는데, 이 두 아들 중 한 명이 김해 김씨의 시조가 되는 김수로다. 신라의 학자 최치원은 자신의 책《석이정전(釋利貞傳)》에서 "가야산신 정견모주가 하늘의 신인 이비가(夷毗訶)와 함께 대가야의 시조왕인 뇌질주일(惱窒朱日)과 금관가야의 시조왕인 뇌질청예(惱窒靑裔)를 낳았다"라고 적었다. 첫째 아들인 뇌질주일은 아버지 이비가를 닮아 '머리가 해와 같이 빛난다'고 하여 붙여진 이름이고 이진아시왕의 별칭이다. 둘째 아들인 뇌질청예는 어머니 정견모주를 닮아 '얼굴이 하늘색과 같이 희고 푸르다'고 하여 붙여진 이름으로 수로왕의 별칭이다.

나는 종교를 가지고 있지 않다. 다만 시간이 날 때마다

가까운 곳이든 먼 곳이든 우리 사찰 찾는 걸 좋아한다. 우리 사찰에는 대부분 대웅전 뒤에 조그맣게 산신각을 세워 그 사찰이 있는 산의 신을 모셨는데 이는 토착신앙의 영향이다. 이들 산신은 대부분 호랑이와 함께 있는 흰 수염의 노인으로 묘사되어 있다. 그런 영향 때문인지 한때 정견모주가 남성으로 묘사된 적도 있었다고 한다. 하지만 우리 산을 조금만 다녀보면 알 수 있는 사실이 있다. 지리산, 계룡산, 가야산 등 강하고 신성한 어머니의 품을 가진 주요 명산들은 대부분 여신들이 관장한다. 지리산이 그러하고 한라산이 그러하며 가야산도 마찬가지다. 그런 산들은 대부분 생명력이 넘쳐난다. 봄에는 꽃이 흐드러지고, 그늘이 계속되는 숲길과 시원한 계곡 물소리, 생명의 기운이 넘실대는 명산들이다.

자, 이제 가야산을 올라볼까?

한소끔 땀을 흘려 가파른 산길을 오르다 어느 순간 능선에 올라서면 눈앞에 멋진 바위들이 병풍처럼 펼쳐진다. 일명 가야산 만물상. 그리고 조금 더 오르다 보면 가야산 산신인 정견모주와 관련된 장소가 나온다. 이것이 바로 상아덤이다. 정견모주가 하늘의 신인 이비가와 함께 노닐던 장소로 큰 바위가 한 무더기 얽혀 있다. 그 바위들 중 넓적한 바위 하나가

가로로 얹혀 있는데, 신부가 타는 가마를 닮았다고 하여 '가마바위'라고도 불린다. 상아덤에서 가야산 정상을 바라보면 가야산의 형세가 한눈에 들어온다. 상아덤 바위틈에 자리를 잡고 앉으면 탁 트인 산허리의 세찬 바람을 맞으며 금방 땀을 식힐 수 있다. 산 이름에 한 나라의 국호가 붙은 것도 특이하지만 이 산을 다스리는 신이 건국 신화에 나오는 여신이라고 하니 가야산에 들어가는 일은 일반 산행과는 또 다른 느낌이다. 어지러운 일상 속에서는 쉽게 들여다볼 수 없는 마음 한 자락이 그대로 드러나는 느낌이라고 할까. 처음 와 본 산인데 이미 누군가와 함께 온 적이 있는 듯한 묘한 느낌도 든다. 우리는 자신 혼자만으로 이루어진 것이 아니라고, 여신이 나에게 말해주는 것만 같다.

아! 가야산 정견모주 신화를 자신의 책에서 알린 최치원의 이야기를 다시 해보자. 부산 해운대 동백섬에는 해운대 이름의 유래를 확인할 수 있는 장소가 있다. 해운대가 한눈에 들어오는 동백섬 갯바위 한편에 '해운대(海雲臺)'라고 새겨져 있다. 최치원의 호에서 유래한 이름이다. 해운 최치원은 어린 나이에 당나라로 유학을 간 뒤, 과거에 급제하며 당나라 관료로 생활한 이력이 있다. 이 시기에 〈토황소격문〉을 지어 군사 난을 일으켰던 황소를 꾸짖는 글을 지었는데《삼국사기》에서는 "이 글을 읽고 황소가 놀라서 그만 앉아 있던 의자에서 넘어졌다"고 기록하고 있다.

신라로 돌아와 왕으로부터 중용되었지만 골품제도의 신분제 사회에서 육두품 출신이던 그는 진골들에게 막혀 제대로 그 뜻을 펼치지 못한다. 신라 말기에 국정을 비방하는 글들이 나붙고 지방에서는 도적들이 들끓자 이를 개혁하고자 〈시무십여조〉를 지어 올렸지만 진성여왕이 이를 받아들였음에도 끝내 이 정책들은 시행되지 않는다. 이에 낙담한 최치원은 관직을 내려놓고 가야산으로 들어간 뒤 세상과 연을 끊고 살았다고 한다.

가야산은 그런 곳이다. 홍류동 계곡의 조그만 쉼터, 농산정에 앉아 맑은 물소리를 들으며 머릿속에 가득한 시끄러운 인간사를 지운다. 한결 맑아지는 나를 바라보며 잠시나마 최치원이 산으로 간 마음이 이해가 된다. 이 산이, 이 숲이, 세상의 소란스러움을 지우라고 말하는 것 같다. 땅의 여신이 건네는 이 산의 특별한 기운 때문인지도 모르겠다. 나는 가야산에서 아주 짧은 탄식만 내뱉고는 아무 말도 하지 않았다. 어떤 풍경 앞에서는 그 어떤 말도 나오지 않으니까.

노고단으로
가는 길

전남
구례

어떤 것이 행복한 삶인가에 대해 늘 생각한다. 지금의 삶의 방식이 전부라고 생각하지 않기 위해 종종 내가 서 있는 이곳이 아닌 다른 곳으로 떠나는 걸 즐기는 편이다. 몇 해 전, 내게 찾아온 곳이 바로 지리산이었다. 겨울이 선뜻 자리를 내어주지 않는 3월, '봄은 가장 아래서부터 온다'는 말에 지리산 주변(구례, 남원, 함양 등)을 돌아볼 생각으로 남쪽으로 향했다. 굳이 도시를 떠나지 않고도 행복해질 수 있다면 좋겠지만 마침 이런저런 일로 뒤척이며 살아가던 터라 방황과 위로가 필요했다.

"그런데 왜 지리산이야?"

117

누군가 이렇게 묻는다면 이런 대답을 할 수밖에 없다.
"그냥, 지리산이 거기 있으니까"라고.

백두대간의 끝자락 지리산. 그 산은 왜 그런지 씩씩하면
서도 푸근하다. 민족의 성산인 백두에서 흘러나온 힘찬 기운
이 동해를 끼고 남쪽으로 내려오며 금강, 설악, 오대, 태백까
지 이어진 뒤 다시 서쪽으로 방향을 틀어 소백, 속리, 덕유를
지나 지리산을 일으킨 형상이다. 그 힘차고 푸근한 느낌을
받은 사람이 나만은 아니었던 모양이다. 흔히 이런 말을 한
다. "백두산이 남성적 기백을 내세운다면 지리산은 어머니처
럼 푸근한 산"이라고. 그렇다. 너른 품새가 딱 그러하다. 도
시의 팍팍하고 삭막한 살림살이에 염증을 느끼거나 그저 사
람답게 살아보고 싶은 이들이라면, 누구나 지리산을 마음속
의 산으로 꼽는다. 나 역시 그랬다.

이번 기행의 목적지는 노고단이었다. 지리산 노고단에
전해오는 노고할미의 흔적을 찾아가기 위한 것이었다. 지리
산 동쪽 끝이 천왕봉이라면 서쪽 끝은 노고단이다. 동서로
100리 거리를 두고 천왕봉과 노고단이 마주 보고 있는 형국
이다. 노고단은 오래전부터 주봉인 천왕봉, 그리고 반야봉

과 함께 지리산의 '3대 봉우리'로 꼽혔다. 지금이야 노고단으로 가는 길이 쉬워졌지만 예전에는 그렇지 않았다. 노고단에 가려면 저 아래 구례의 화엄사부터 거칠고 가파른 산길을 네댓 시간 걸어 올라가야 했던 시절, 노고단은 만만치 않은 곳이었다. 그때 노고단은 지리산에서 최고의 경치로 꼽혔다. 1972년에 정해진 '지리산 10경' 중 으뜸으로 치는 것이 '노고단 운해'였으니까.

그러니까 지리산 경관의 중심이 바로 노고단인 셈이다. 붉게 타오르는 가을의 피아골 단풍도 노고단 운해를 이기지 못하고, 화려한 철쭉도 '지리산 제5경'에 머물 뿐이다. 천왕봉 일출은 제8경으로 밀려나 말석을 겨우 면했다. 노고단의 운해가 어떤 대단한 풍경이기에 지리산 10경 중에서도 우선으로 꼽힐까? 그런데 나처럼 산행에 익숙하지 않은 사람도 이제는 노고단의 운해를 볼 수 있다. 물론 지리산 횡단도로를 놓고 환경 훼손 논란이 일고 다시 길을 닫아야 한다는 얘기도 나오지만, 노고단을 쉽게 오를 수 있다는 것만으로도 도시의 삶에 찌든 우리들에겐 행운이 아닐 수 없다.

노고단에 오르기 위해 성삼재 휴게소로 향했다. 운해를 보려면 일찌감치 길을 나서야 한다는 주위 사람들의 말에 초

승달이 뜬 캄캄한 새벽에 숙소를 나섰다. 아직 캄캄한 하늘에는 구름이 많았다. 맑고 눈부신 일출을 기대했는데 생각처럼 되는 일이 없다. 그러나 인생이란 원래 생각처럼 되는 것이 아니므로 그럴 땐 또 그런대로 순응해가야 한다. 성삼재 휴게소에 차를 세우고 랜턴을 든 채 노고단을 향해 출발했다. 탐방 코스는 생각보다 넓고 부드럽게 완만했다. 이렇게 가도 노고단에 오를 수 있다고? 숨 한 번 차지 않는 순한 길이 계속 이어져서 나는 조금 당황했다. 이따금 질러가는 경사 구간이 있었지만 나 같은 초보 등산가가 오르기에도 무난한 길이었다.

타박타박 발소리와 함께 걷는데, 어둡고 적막한 숲속에서 이따금 일찍 일어난 산새 소리가 들려왔다. 마스크를 잠시 벗어보았다. 누구도 예측하지 못한 시기에 갑자기 창궐한 감염병으로 마스크를 쓰고 살아온 지 1년이 넘은 시점이었다. 돌이켜 생각하는 것도 내키지 않을 정도로 참 지긋지긋한 시간이었다. 앞으로도 별다르지 않은 날들이 계속될 것으로 보이는 상황이라 마치 어둠 속을 걷는 듯 막막했다. 그저 지금보다 더 나빠지지만 않는다면, 그걸 희망으로 삼아야 하는 것일까. 인간은 자연재해나 보이지 않는 힘에 의해 위기에 빠졌을 때, 결국 받아들이는 것 외에 할 수 있는 일은 거의 없다는 사실을 우리는 또 한 번 실감한다.

지리산의 정수를 볼 수 있다는 노고단으로 향하는 길. 노고단은 기도하는 곳이다. 봉(峰)이나 산(山)이 아니라, 제(祭)를 지내는 '단(壇)'의 이름을 보아도 알 수 있다. 성삼재에서 노고단까지 걸어보면 그 사실을 실감하게 된다. 걸어 올라가다 해가 떠오를 무렵이 되면 천천히 산세가 그 모습을 드러내는데 눈앞에 펼쳐진 풍경을 보자 절로 가슴이 웅장해진다. 노고단 정상은 35만여 평의 드넓은 고원 구릉 위에 솟아 있다. 지리산 서쪽 끝인 노고단 정상에서 보면 해가 솟는 동쪽으로 지리 연봉이 끝없이 이어진다.

아! 이래서 노고단을 '어머니의 품'이라고 부르는구나! 이곳에 서보니 노고단이 지리산 산신에게 제를 지내는 제단의 역할을 한 것은 너무도 당연한 일이라는 생각이 든다.

자, 이제 넉넉한 품을 가진 노고할미를 만날 차례다.

노고할미를
찾아서

왜 이제야 오게 되었을까.

지리산에 도착하자마자 가장 먼저 든 생각이다. 그 다음으로 느낀 것은 지리산의 산맥이 마치 사람 몸의 혈맥처럼 주변 지역으로 퍼져 나가는 것 같다는 느낌이었다. 찾아 들어가는 길마다 굽이굽이 보이는 산세가 물결처럼 넘실거렸고, 잠시 숨을 돌리기 위해 바라본 산세는 왜 그런지 푸근한 느낌마저 들었다. 산속으로 한발 한발 깊이 들어갈수록 왜 세계의 모든 사람들이 산을 숭배했는지 깊이 공감하게 된다.

지리산의 원래 이름은 두류산이다. '백두의 정기가 흘러 내려온 산'이라는 의미다. 특히 남쪽 끝에 치우쳐진 지리산은 겨울에도 덜 춥다. 게다가 골이 넓고 깊다 보니 예로부터 사람들이 자연스럽게 모여들어 살아가고 있다. 사람들이 모이는 곳에는 어디나 그렇듯 기도터가 있다. 그중 가장 오래되고 유명한 곳이 지리산 북쪽 끝자락 산봉우리에 자리 잡은 노고단이다.

'단'이란 제사를 지낼 수 있는 평평한 땅을 말한다. 우리나라 산에는 산마다 봉우리가 있어 보통 '봉'이나 '대'라는 이름을 붙이는데 노고단은 애초부터 노고단이다. 그만큼 제사를 지낸 이력이 깊다는 뜻이다. 지리산 최고봉인 천왕봉에도 산을 관장하는 여신인 지리산 성모(聖母)를 모시는 사당이 있다. 천왕봉의 성모신앙은 이곳을 주관하는 신이 성모 여신이라고 믿는 신앙이다. 하지만 지리산에서 가장 오래된 기도터는 지금도 노고단으로 전해진다. 여기서 궁금해지는 한 가지. 제사를 모시는 대상은 누구였을까? 노고단, 늙을 '노(老)'자에 시어머니 '고(姑)'자를 썼으니, 그건 바로 '늙은 시어머니', '늙은 할미'인 노고할미였다.

실제로 고대 한반도에서 산신의 대부분은 여신이었다. 산신(山神)은 원래 천신(天神)이기도 했기 때문이다. 천신은 한국의 설화나 민속 문화에서 거인 할머니의 모습으로 세상

을 빚어낸 생명신의 모습, 즉 마고할미의 모습으로 그려지곤
했다. 그러다 유교 문화가 성행하게 되면서 천신의 자리는 한
국 사회에서 설 자리를 잃어버린 것으로 보인다. 이에 인적이
드문 산속으로 밀려나게 된 것이 아닐까? 물론 산신이면 어
떻고 천신이면 어떠랴. 하늘을 향해 솟구친 산이야말로 하늘
과 소통하기에 더없이 가깝고 좋은 공간일 것이다. 지리산 종
주의 시작점이자 천왕봉, 반야봉과 함께 지리산 3대 주봉으
로 손꼽히는 노고단은 우리말로 '할미단'이라는 이름도 가지
고 있다. 신라의 시조인 박혁거세의 어머니, '선도성모(仙桃聖
母)'를 지리산의 산신이자 나라의 수호신으로 모시고 매년 봄
과 가을에 제사를 올리던 곳으로도 전해진다. 고려시대까지
도 지리산 성모는 국가적으로 숭배되는 신이었으나 조선시
대에 들어와서는 성모의 위상이 급격히 추락했다. 조선왕조
가 끝나고 20세기가 시작된 이후에도 성모상의 수난은 이어
졌다. 일제에 의한 파괴 작업이었다는 의견도 전해진다.

    국토의 70%가 산악지역인 한반도에서 산은 여신들의
대표적 거주처였음이 분명해 보인다. 모악산, 대모산, 노고
산, 자모산, 모후산, 할미산 등의 산 이름만 봐도 알 수 있다.
그중에서도 지리산은 남다르다. 성모천왕의 위력 때문인지

고대부터 여신 전통이 매우 뚜렷이 남아 있는 곳이기 때문이다. 지리산에서는 여신 신앙과 관련된 장소나 유적들을 어렵지 않게 찾아볼 수 있다. 여산신(女山神)을 모시고 있는 절의 숫자도 다섯 손가락을 넘는데 대표적인 절이 쌍계사다. 삼성각 여산신은 위엄 있는 할머니의 모습을 하고 있다. 지리산 인근의 하동군에는 그녀가 법우 스님과 천왕할매 사이에서 태어난 셋째 딸이라는 설화도 전해진다. 게다가 지리산의 여산신들은 모두 호랑이를 거느리고 있다. 언제 봐도 위엄 있고 강인해 보이는 그녀들이다. 어쩌면 이런 모습이야말로 여성의 원래 모습이 아닐까 싶다.

지리산 노고단 정상에 오르자 산 어머니, 노고할미가 부르는 소리가 들리는 것 같았다. 많은 수난의 역사 속에서 숱한 생명들이 죽어가는 것을 목격해야 했던 비탄의 어머니이자 그럼에도 꿋꿋이 그 자리를 지키며 생명력을 전하는 여신의 힘이 느껴졌기 때문이다. 1950년대 한국전쟁의 시기에는 '빨치산'이라는 이름으로 무고한 시민들이 학살되었다. 그저 '아픔'이라고 표현하기에는 그 깊이가 와닿지 않는다. 그런 공간에는 그 시간만큼 쌓인 사람들의 염원과 기도가 있다. 거기서는 보이지 않는 어떤 에너지가 느껴진다.

노고단 정상에서 발아래 운해를 바라보고 하산하는 길
에 마음이 아파왔다. 내려오는 길은 생각보다 험난하지 않았
지만 현대사의 비극, 가려지고 잊힌 우리의 아픈 역사를 생각
하니 먹먹한 마음이 들었다. 해방과 한국 전쟁을 전후해 이
곳 지리산에서는 수많은 사람들이 죽어갔다. 그들 대부분은
젊은이들이 아니었을까? 어떤 장소와 공간은 단순히 그것으
로 끝나지 않는다. 비극적 최후를 맞은 이들이 발 딛고 설 수
있는 곳이 왜 지리산이었는지, 자꾸만 생각하고 또 되뇌기 때
문이다. 우리는 그런 곳을 찾고, 또 찾아가야 한다. 그런 장소
와 공간에는 오랜 세월 그들의 절망과 눈물과 피를 위로해
준 여신들이 있다. 지리산을 '민족의 영산'이라 부른다면, 지
리산의 어머니 여신은 우리 민족의 어머니가 아닐까. 실제로
이 땅에서 살아온 숱한 민초들은 그녀의 거대한 품에 의지해
위로를 받았으니까. 좌우로 찢긴 조국 대신 지리산은 자연의
품으로 그들을 안아주었다. 그 자연의 품은 바로 여신 노고
할미다. 강하고 신성한 어머니 산, 지리산에서.

　　노고단을 내려와 산 아래에서 거대한 여신의 품을 가만
히 바라보았다. 햇살이 눈부시게 환했다. 그곳에서 내가 느
낀 것은 진한 슬픔과 약간의 고독감이었다.

서낭바위를
찾아서

신은 정말로 인간을 사랑할까?

이런 생각을 종종 하곤 한다. 지난 몇 년간 전 세계는 유례를 찾기 힘든 팬데믹 상황을 겪었고, 물리적 혹은 심리적 단절과 고립, 봉쇄와 격리의 시기를 보내면서 자연스럽게 그런 생각이 들었다. 그뿐인가. 지구적 차원의 기후 위기와 식량 문제, 전쟁의 공포와 비극 앞에서 우리는 그저 겨우겨우 살아감을 무섭게 실감한다. 내 일상의 안녕을 위해서라도 당신의 안녕이 절실한 시대, 너의 무탈함이 나의 무탈함을 위한 최선의 길임을 뼈저리게 느끼면서도 사실 인간이 할 수 있는 것은 별로 없다는 사실에 종종 무기력해질 때 신은 있는지,

신은 정말로 인간을 사랑하는지 의구심이 들곤 한다.

그럴수록 우리가 해야 할 일은 나와 당신을 계속해서 재건해야 하는 것이 아닐까. 지속 가능한 일상을 위해서라면 우리는 더욱 진솔하고 치열하게 연대하며 살아가야 한다. 그럴 때 필요한 것이 무엇일까, 고민하고 얻은 결론은 기도다. 나는 종교를 가지고 있지 않다. 기도를 하는 데 종교가 중요하다고 생각하지도 않는 편이다. 그저 무언가를 간절히 바라는 진솔한 마음으로 기도하면 된다. 종교가 없다면 누구를 향해? 신의 모습을 하고 있는 자연을 향해 손을 모으면 된다.

옛날 사람들이 그런 마음을 가지고 찾은 곳이 있다. 마을의 성황당이다. 마을을 수호하는 서낭신을 모셔 놓은 신당을 우리는 아주 오래전부터 그런 이름으로 불러왔다. 성황당은 대부분 마을 어귀나 고갯마루에 원추형으로 쌓아 놓은 돌무더기 형태로, 그 곁에는 보통 신목(神木)으로 신성시되는 나무나 장승이 세워져 있기도 하다. 이곳을 지날 때면 사람들은 그 위에 돌을 얹고 절을 하기도 했다. 우리나라에 서낭 신앙이 전래된 것은 고려 문종 때 성황사를 둔 것이 그 시초였으나 수호신으로서의 서낭은 조선시대에도 널리 신망되었다고 한다.

나는 성황당을 본 적이 없다. 내가 아는 성황당은 어릴 때 보던 TV 드라마 〈전설의 고향〉에서 잠깐씩 등장했던 공간일 뿐이다. 드라마 속에서 하얀 소복을 입은 여인네들이 한 번쯤 찾아가는 공간인 성황당, 마을로 들어가는 길목에서 수호신 역할을 하는 그곳에서 여인들은 그 앞에 돌을 쌓거나 세 번씩 기도를 했다. 그럴 때면 신목에 묶여진 오시방천(청, 백, 적, 흑, 황)은 바람에 흩날려 어딘가 모르게 스산한 느낌을 자아냈다. 성황당은 칠흑 같은 밤 풍경과 어우러져 드라마의 장르적 요소로 충분한 공간으로 느껴졌다. 간혹 돌발적으로 등장하는 귀신에 흠칫 놀라 움츠러들던 기억이 떠오르면 팔에 오소소 소름이 돋기도 한다. 그런 기억뿐이었다, 나에게 성황당은.

얼마 전 강원도로 향하는 길이었다. 고성에 서낭바위가 있다는 이야기를 들었다. 강원도 고성군 죽왕면 오호리 송지호해수욕장 북단이 그곳이다. 서낭바위는 오호리 마을의 서낭당(성황당)이 위치한 것에서 유래되었을 것이다. 마을의 수호신을 모신 신성한 장소라는 이야기다. 그곳에 가면 어딘가 범상치 않은 기운이 느껴지지 않을까? 나는 몹시도 궁금해져 가던 길을 돌려 강원도 고성으로 향했다. 서낭바위를 보

려면 내비게이션에 강원도 고성 송지호해변을 찍으면 쉽게
갈 수 있다. 도착해서 가장 먼저 보이는 팻말에는 이런 문구
가 쓰여 있다.

"송지호해변 남쪽의 화강암 지대에 발달한 암석해안으로
화강암의 풍화미지형(風火微地形)과 파도의 침식작용이
어우러져 매우 독특한 지형경관을 이루고 있다."

서낭바위 일대의 기반암은 화강암이다. 공룡이 지구의
주인이었던 수억 년 전 중생대 쥐라기에 형성된 것이다. 서
낭바위 일대에는 이런 지질현상들이 다양하게 펼쳐져 있었
다. 송지호해변에서 야트막한 언덕을 돌자 등대 옆 해안가
산책길이 나왔다.

이런 곳에 서낭바위가 있다고? 너무 평범한 산책길이라
길을 잘못 찾아온 건가 싶은 그때, 저만치 아래 생전 처음 보
는 희한한 형상을 한 바위가 눈에 들어왔다. 납작한 부채가
서 있는 듯, 그러면서도 뭔가 범상치 않은 기운을 가진 바위
였다. 놀랍게도 바위 사이에는 소나무 한 그루가 뿌리를 내
리고 있었다. 그것은 억겁의 시간이 겹쳐지는 동안 사람들의
염원, 혹은 바람과 파도가 만들어낸 바위였을까? 재미있는

것은 보이는 각도에 따라 그 형태가 달라진다는 점이다. 어떤 각도에서 보면 동해 바다에서 잡히는 거대한 문어 같기도 하고 이름처럼 부채를 닮기도 했다.

그런데 내 눈에는 여신의 얼굴처럼 느껴졌다. 힘찬 동해 바다를 향해 엄숙한 표정을 짓는, 눈도 있고 코도 있고 귀도 있고 입도 있는 할매 여신 말이다. 서낭바위는 동해를 지키는 수호신이자 여신인 걸까?

엉겁결에 가지런히 두 손을 모아 서낭바위 앞에서 잠시 눈을 감고 기도를 했다. 파도는 물결에 출렁이고 멀리 보이는 몇몇 낚시꾼들은 한가롭고 평화로워 보였다. 서낭바위를 보며 기도를 하니 마음이 편안해졌다. 지극히 도시적인 것들만 마주하던 시간들은 저만치 가고 내가 사는 도시에는 없는 것, 눈이 시리게 푸른 바다와 파도와 영험한 바위가 눈앞에 있었다. 인생의 어느 순간에는 이렇게 바다를 보고 여신을 닮은 바위를 보는 시간이 있어야 한다. 기도를 마치고 눈을 떴을 때, 햇살이 눈부시게 환했다.

할매 여신을 닮은 고성의 서낭바위는 아주 오랜 시간, 태고의 시간부터 지금까지 우리에게 무언가를 말하고 있을 것

이다. 우리가 잃어버린 것이 무엇인지, 기어이 길을 찾고자
하는 자들만이 들을 수 있는 목소리로. 그런 의미에서 그 소
리를 들은 나는 꽤 운이 좋은 사람이다.

한없이 따뜻하면서도
냉정한 여신의 얼굴

강원 고성
울산바위

하늘에 구멍이 난 게 아닐까?

2022년 8월 8일, 순식간에 쏟아진 집중호우로 인해 곳곳에서 피해가 속출했다. 도로는 잠기고 거대한 가로수가 뽑혔다. 이런 장면은 폭우 때마다 익히 보아온 것이었지만 이번에는 좀 달랐다. 우리가 똑똑히 목격한 것은 자연재해만이 아니었다. 최악의 폭우가 덮침과 동시에 우리 사회의 민낯이 극명히 드러났기 때문이다. 재난은 가장 낮은 곳의, 가장 가난한 사람들부터 덮쳤다. 서울로만 한정해서 보면 대략 20만 가구, 영화 〈기생충〉의 반지하 침수 장면은 그대로 실화가 되고 말았다. 초고층 아파트에 거주하는 사람과 반지하에서 살아가는 사람의 대비가 이번만큼 극명히 드러난 적이 있었던가?

'반지하(BANJIHA)'는 이제 한국의 소득 불평등과 양극화의 격차를 상징하는 단어가 되었다. 1970년대에 북한의 공습에 대비해, 집을 지을 때 몸을 피할 요량으로 방공호를 함께 만든 것이 그 시작인 반지하는 주거 난으로 건축규제가 완화되면서 벌이가 적은 사람들이 하나 둘, 터를 잡기 시작한 주거 공간으로 변모되었다.

빛이 들지 않는 그 공간에 대한 기억은 나에게도 있다. 중학교 때 가장 친한 친구의 집이 반지하였다. 그 집 화장실의 휴지는 늘 젖어 있었다. 그 축축하고 불쾌한 느낌을 나는 지금도 기억한다. 친구의 어머니는 관절염과 폐렴을 달고 살았다. 내가 아는 반지하는 그런 곳이다. 최악의 폭우로 드러난 우리 사회의 민낯을 보며 이런저런 생각이 스쳐갔다. 천정부지로 솟은 집값, 반지하를 벗어날 길은 정녕 없는 걸까? 물신 숭배의 종말을 목도하는 것 같아 내내 마음 한쪽이 시큰했다.

물난리로 어지러운 한 주가 느리게 지나갔다. 강원도 고성 쪽으로 취재가 잡혀 가던 길이었다. 돌이켜보면 나는 마음이 힘들거나 생각이 어지러울 때면 종종 강원도로 향하곤 했다. 주로 지금 하고 있는 일을 때려치우고 싶다는 생각이 들 때가 그러하다. 때려치울 이유를 찾자면 열 가지도 넘는다. 물론 대부분 때려치우지 못했고 그러다 번아웃(Burnout)이 올락 말락 하는 경계에 이르렀을 때는 어김없이 강원도로 향할 이유를 찾는다.

마침 그쪽으로 취재가 잡혔다. 이때다 싶어 강원도 인제로 향하던 길이었다. 그러고보니 강원도로 향하는 나의 여정은 20대 중반부터 20년째 계속 이어지는 중이다. 나는 지극히 도시적인 것을 좋아하면서도 인생이 힘들어지는 어느 순간에는 바다나 산을 그리워하는 무의식적인 끌림이 있는 모양이다.

늦여름, 고성으로 향하는 길은 청명한 하늘에 선선한 바람까지 불어 더없이 상쾌했다. 며칠 전 쏟아진 비의 흔적은 온데간데없었고 여름의 끝자락을 즐기려는 사람들의 가벼운 발길이 이어지고 있었다. 나 역시 일주일 전의 물난리는 머릿속에서 지워진 듯했다. 오로지 이곳에서 볼 것, 먹을 것, 즐길 것에 대한 생각으로 가득했다. 고성 맛집을 검색하며 한참 달려가는데 어느 순간 도로 왼쪽으로 시원하게 탁 트인 평지가 눈에 들어왔다. 그 끝자락에 저만치 당연하다는 듯 거대하고 당당한 위엄의 바위가 떡하니 자리하고 있었다. 눈앞에 마주한 거대한 바윗덩어리, 울산바위였다. 울산바위는 속초시와 고성군의 경계를 이루는 둘레 4km, 높이 873m의 거대한 바위다.

울산바위에는 엄청난 크기만큼이나 재미있는 전설이 전해진다. 먼 옛날, 조물주가 금강산의 경관을 빼어나게 빚기 위해 전국의 바위들을 모두 금강산에 모이라고 했다. 경상도 울산에 있던 큰 바위도 그 말을 듣고 길을 떠났는데 덩치가 워낙 크고 몸이 무겁다 보니 느림보 걸음으로 갈 수밖에 없었다는 거다. 겨우겨우 설악산에 이르렀을 땐, 신이 이미 금강산을 다 만들어둔 후였다. 그러니까 울산바위는 금강산까지는 가보지도 못하고 이곳 언저리에 주저앉고 말았다는 전설이다. 조물주는 울산바위의 느림보 걸음에 호통을 쳤을 테고, 창피한 마음에 고향(울산)으로 돌아가지 못한 울산바위는 인근에 눌러앉고 만 것이 아닐까? 그런데 갑자기 궁금해진다. 울산바위에게 호통을 치던 신은 과연 여신이었을까, 남신이었을까?

일행과 나는 차를 돌려 울산바위를 좀 더 가까이서 보기로 했다. 바위가 가까워질수록 어떤 숭고한 빛이 스며들기라도 한 듯 영험한 기운이 느껴졌다. 저 혼자 굳건하게 서 있는 저토록 거대한 실루엣!

　울산바위의 정체는 무엇일까. 우리가 잃어버린 것이 무엇인지, 혹은 잊어버린 것은 무엇인지 명확하게 대답해줄 수 있지 않을까? 문득 그리스 신화의 시시포스 이야기가 떠올랐다. 그는 저승에서 큰 바위를 굴려 가파른 언덕의 정상까지 옮겨야 하는 벌을 받았다. 그런데 정상에 다다르자마자 바위는 다시 아래로 굴러 내려가 원위치로 돌아오고 만다. 시시포스는 그 바위를 다시 밀어 올리는 일을 계속해서 반복해야만 했다. 무한히 반복되는 시시포스의 노동. 우리도 시시포스의 처지와 다르지 않다. 자본주의 사회에서 일정한 수준의 부를 손에 넣기 위해 계속 내달려야 하는 존재들이다. 반지하에 살지 않기 위해, 남들 먹는 것을 먹고 남들 입는 것을 입기 위해, 그저 남들에게 뒤처지지 않기 위해 우리는 남의 불행은 아랑곳하지 않고 내게 향하는 바위만을 바라보며 반복해서 밀어 올린다. 그 끝이 어떻게 되는지, 바위가 다시 굴러 떨어지면 어떻게 해야 하는지는 미처 생각할 여유가 없다.

　태양이 기울어질 때 아주 가까이서 본 울산바위의 얼굴은 실로 그윽했다. 보는 이에 따라 다를 순 있겠지만 그 순간

만큼은 울산바위가 내게 때론 엄하고 때론 인자한 할머니의 얼굴처럼 느껴졌다. 거대한 바위를 가만히 보고 있자니 어느 순간에는 엄마의 얼굴이, 그러다 아빠의 얼굴이, 다시 그들의 야위고 가느다란 다리가, 굽은 등이 하나 둘 바위에 스쳐 갔다. 신은 병도 주고, 약도 주는 존재일까? 그냥 바위를 보고 있는데 왜 그런지 조금 눈물이 날 것 같았다(요즘은 이렇게 자주 눈물이 난다). 때론 험한 호랑이의 얼굴로, 어느 순간엔 한없이 인자한 할머니의 얼굴로 변해 우리에게 아름다운 꽃을 건네주는 자연이라는 여신. 신은 그렇게 한없이 따뜻하면서도 더없이 냉정하다. 물신숭배의 현대사회를 어쩌면 좋으냐고 묻고 싶지만, 아무리 원망해봤자 눈 하나 까딱하지 않는다. 그것은 신의 일이 아니다.

여신이 너에게
마음을 열어줄 거야

강원도 원주시 문막읍 반계리 1495-1번지에는 천연
기념물로 지정된 은행나무가 있다. 일명 반계리 은행나무. 늦
가을이 되면 큰길에서도 한참을 벗어난 농촌 마을 언덕에 위
치한 이 신목을 보기 위해 사람들은 만개한 이 나무를 만나
기 위한 수고를 마다하지 않고 찾아간다. 이 은행나무가 아
니었다면 그들이 굳이 이곳을 찾을 일은 없었을 것이다. 소문
은 익히 들었지만 만개하는 시기는 우리가 예측할 수 없다고
한다. 너무 일찍 가면 초록빛이 감도는 은행나무만 보고 오
게 될 수도 있고, 자칫 며칠만 늦어도 잎이 다 떨어져 앙상한
가지만 보게 될 수도 있다고 한다. 천년에 가까운 시간을 버

텄다는 이 나무는 그렇게 사람들의 예측대로 움직이지 않는다. 그런데도 많은 이들이 영험한 기운이 서린 이 나무의 만개를 손꼽아 기다린다. 이 범상치 않은 은행나무의 매력은 무엇일까. 무성한 소문만 들어오던 나는 마침 방송 다큐멘터리를 제작하게 되면서 드디어 반계리 은행나무를 만날 기회를 얻었다. 스스로 자리를 옮길 수 없는 나무는 어떻게 해서 그 자리에 자리 잡게 되었을까? 정말 신묘하기만 하다.

반계리 은행나무를 만나려면 차 한 대가 겨우 지날 수 있는 구불구불한 일방통행 시골길을 올라야 한다. 그 길의 끝에 있는 언덕에 다다라서야 기대하던 은행나무를 만날 수 있다. 파란 하늘을 배경으로 진한 노랑의 잎들이(반계리 은행나무를 찾는 때는 반드시 늦가을이어야 한다) 바람에 흔들리며 눈부시게 빛나고 있었다. 800살은 족히 넘었다는 그 나무는 어쩐지 보는 방향에 따라 표정이 다르게 느껴졌다. 도무지 잠깐 바라봐서는 이 나무의 진심이 무엇인지 알 수 없을 것 같아서, 여러 방향에서 오래도록 나무를 바라보았다. 30여 미터는 족히 되어 보이는 거대한 키에 그보다 더 넓은 팔을 뻗어 다가오는 이들을 반기는 나무. 도심에서 자라는 키만 삐죽 큰 은행나무들과는 달리 바람에 치마폭을 한껏 부풀린

듯 나뭇가지들이 둥그렇게 퍼져 있었다. 그 모습을 보는 순간 떠오르는 사람이 있었다. 바람에 한껏 부풀린 치마폭을 휘어잡고 온갖 먹을 것들을 한 보따리 이고 지고 우리를 찾아오던 외할머니. 그 넉넉한 품이 떠오른다. 반계리 은행나무를 보며 '늙어야 아름답구나' 하는 생각이 먼저 들었다. 나무나 사람이나 긴 세월의 풍파를 고스란히 견뎌낸 자들은 역시 뭐가 달라도 다르다.

멀리서 은행나무를 바라보는데 모든 것이 일순간 멈춘 듯 고요해졌다. "나무와 진정한 교감을 하려면 적어도 몇 바퀴는 돌아보라"는 누군가의 말이 떠올랐다. 그날 나는 좌로 우로, 때론 앞에서 뒤에서 천천히 서너 바퀴를 돌아보며 은행나무 주변을 맴돌았다. 사람보다 몇 곱절 긴 세월을 살아낸 나무에게 전설 같은 사연이 많지 않을까 싶었지만 어디에서도 그 나무에 얽힌 이야기를 들을 수는 없었다. 다만 '내가 만난 저 신목에는 보이지 않고 들리지 않는 것들, 존재한다고 생각하지 않았지만 분명히 존재하는 것들이 스며 있구나' 하는 느낌이 들었다. 내가 마음을 열면 나무의 신도 마음을 열어주지 않을까? 그날 나는 거대한 은행나무 주변을 돌고 또 돌았다. 그 나무를 보게 된다면 누구라도 탑돌이 하듯 주변을 돌게 될 것이다.

은행나무를 보고 돌아온 뒤에도 그런 느낌은 꽤 오랫동안 이어졌다. 나만의 장소, 영성이 깃든 미지의 대상을 만난 것 같아 설레었다. 그동안 은행나무에 대해 너무 몰랐던 게 아닌가 싶어 이런저런 자료도 찾아보게 되었다. 은행나무는 동아시아 지역에서 자생하는 나무로 오랜 시간 동안 변하지 않는 모습으로 이어져 '살아있는 화석'으로 불린다. 병과 벌레에도 강해 수백 년 수명을 이어 온 은행나무를 간간히 볼 수 있는데, 원주 반계리 은행나무도 정확한 수령은 알려져 있지 않지만 800년에서 1,000년을 보는 이들이 많다고 한다. 특히 이 은행나무는 넓게 펼쳐진 수형이 우람해 우리나라에서 가장 아름다운 은행나무로 손꼽힌다. 나무를 제대로 알려면 잎이 돋을 때, 푸를 때, 단풍이 들 때, 잎이 떨어질 때를 모두 보아야 한다는데 자주 찾아갈 수도 없는 그 나무가 궁금해 슬퍼지기도 한다. 그러다 사는 게 바빠졌고 나는 은행나무를 차츰 잊어갔다. 일상은 정신없이 흘러갔고 한가로이 나무의 안부를 궁금해 할 여유가 내게는 없었다.

반계리 은행나무를 다시 만난 것은 그로부터 정확히 1년 뒤였다. 그날은 은행나무를 만나러 갈 목적이 아니었는데 마침 길을 가다 보니 근처인 걸 알게 됐다. 그러고 보니 10월을 지나 11월로 막 접어든 무렵이 아닌가. 어느새 정오의 빛이 기울어가고 있었다. 그래! 은행나무가 여기 있었지? 일행과 함께 나무가 있는 그곳으로 발길을 돌렸다. 큰길을 한참 벗어나 다다른 길 끝에 진한 노란 잎으로 가득한 은행나무가 거기, 그대로 있었다. 일순간 세상이 다른 경계로 넘어가는 기분이었다. 마음이 흔들린다. 할머니의 품을 닮은 거대한 그 나무는 1년이 지나도 그 자리에 오롯이 서 있었다. 마치 나를 기다려준 것만 같다. 때마침 바람이 불어온다. 아이들은 땅바닥에 떨어진 노란 잎을 한 움큼씩 모으며 까르르 웃고 있었다. 어느 늦가을의 하루처럼 겨울을 재촉하는 찬바람이 돌풍이 되어 몇 차례 휘몰아쳤다. 바로 그때였다. 은행나무는 비늘을 털어내듯 노랗게 마른 잎들을 힘차게 털어냈다. 주변에 있는 사람들 모두가 환호성을 지르며 두 팔을 벌려 마른 잎 비를 맞았다. 제법 굵은 잎들은 찰싹찰싹 볼에 거칠게 와닿았다.

다시 할머니의 모습이 떠올랐다. 시골에서 가끔 서울로 올라오셨던 할머니는 하얀 속옷만 입고 마루에 앉아 담배를 피우셨는데 이따금씩 어린 내 볼을 쓰다듬곤 하셨다. 별말씀은 없으셨지만, 손마디에서 느껴지는 굵은 골들은 거칠면서도 왠지 위엄이 있었다. 은행나무가 떨어뜨리는 마른 잎들을 맞으며 나는 여신의 손길을 느꼈다.

은행나무를 가만히 본다. 여러 갈래로 굵게 갈라진 뿌리가 튼튼히 땅을 뚫고 서 있다. 여기 사람들은 큰 뱀이 이 신목을 지켜준다고 했다. 수백 년, 아니 천년을 이어온 반계리 은행나무는 어떤 기묘한 이야기들이 함께한다고 해도 전혀 이상하게 느껴지지 않는다. 그 그늘에 앉으면 수천수만 년 동안 이어질 이야기가 떠올랐다가 사라진다. 마을 어르신은 이삼일이면 찬 바람에 잎이 모두 떨어질 거라고 말씀하셨다. 그러고 보면 할머니의 손길처럼 그날은 순간으로 남았지만 내 감각에는 영원히 각인되었나 보다. 반계리 은행나무는 이렇게 또 한겨울을 나고 이듬해 봄이면 그 수백 년 된 나뭇가지에 생명의 물이 흐르고 싱그러운 초록 잎을 다시 내어줄 것이다. 그 영원한 생명의 기운을 느끼기 위해 나는 내년이 되면 또다시 반계리 은행나무를 찾을 것이다. 그때가 되어도 할머니의 손길을 닮은 여신이 또 한 번 내게 마음을 열어줄 것이다. 나는 무수히 날리는 노란 은행잎들을 바라보다 두 눈을 들어 거대한 나무를 올려다본다. 어느새 정오의 빛이 기울어져 가고 있었다.

미륵할미에게
소원을 빌어 봐

전라도 익산면 망성면 내촌리.

어릴 때부터 아빠에게 수없이 들었던 원래 본적지 주소다. 본적이라는 말조차 생소해진 시대에 무슨 본적 타령인가 싶지만 마흔 넘어 내 뿌리에 대해 생각하는 요즘에서야 아빠의 본적에 관심이 생겼다. 아빠는 늘 "본적지를 아는 것은 곧 자신의 뿌리를 아는 것"이라고 말했었다. 결혼 전 나의 본적, 그러니까 아빠의 본적은 전라도 익산이었다. 익산이 어떤 곳인가? 전라북도 익산, 한때는 '이리'라고 불렸지만 1995년 이리시와 익산군이 통합되면서 익산으로 바뀐 그곳은 금강과 만경강 사이의 비옥한 평야에 위치하는 내륙이다.

만경(萬頃)은 '수만 개의 이랑'이라는 뜻인데, 만경강이 품고 있는 너른 평야와 풍성한 들녘을 생각하면 마음이 포근해진다. 익산의 먼 북동쪽, 완주군 원정산에서 발원한 이 강은 완주, 전주, 익산, 김제, 군산을 지나며 서해로 흘러 들어간다. 그야말로 전북의 평야를 살찌우는 강이다. 본적과 뿌리 이야기를 하다 보니 강 이야기까지 왔다. 익산을 떠난 부모님이 서울에서 낳은 자식이니, 서울 출생이라 해도 나의 뿌리는 전라도인 것이다. 그러니 전라도라는 지명은 왠지 듣기만 해도 마음이 간다. 취재 차 전라도를 찾게 되는 경우에는 익산은 물론이고 종종 전주나 군산, 김제까지 돌아보곤 한다. 누군가 내게 전라도 여행에 대해 물으면 요즘은 김제에 가보라고 이야기한다. 금비 평야가 펼쳐진 김제에는 전북을 상징하는 모악산(母岳山)이 있다. 산 이름 자체가 어머니를 의미한다. 원래는 '엄뫼'라고 불리기도 했단다. 이 어머니산이 품고 있는 절이 금산사(金山寺)다. 금산사는 벼농사의 본고장인 김제를 대표하는 사찰이면서 동시에 우리나라 최고의 미륵(彌勒) 성지로 알려져 있다.

금산사에는 거대한 미륵불이 모셔져 있다. 미륵전 역시 거대하다. 우리나라에서는 전례가 없는 3층 전각이 바로 이

금산사 미륵전이다. 가운데 미륵주존의 높이는 옥내 불상으로는 세계 최대인 11.8m가 넘는다. 신라시대에 만들어진 것은 아니고 화재로 다시 제작되긴 했지만 당시에도 거대한 크기의 불상이었음이 짐작되는 웅장한 크기다. 미륵불은 주로 사람들에게 두려움을 없애주거나 소원을 들어주는 손 모양을 취하며 서 있는 입불이 많다. '세상의 고통을 막아주었으면……' 하는 사람들의 꿈이 담겨 있는 것이 아닐까. 특히 전라북도에는 미륵불상과 그에 얽힌 신앙과 사상의 흔적이 많이 남아 있다.

더욱 흥미롭게 본 것은 또 다른 미륵이다. 금산사의 미륵불 외에 또 다른 형태의 미륵이 하나 더 존재하는 것을 보았기 때문이다. 금산사 내부는 아니지만 사찰의 경계선이라고 할 수 있는 일주문 바깥쪽 전각에 홀로 모셔진 미륵당이 그곳인데, 거기 모셔진 신이 미륵할미신이다. 사찰 안의 미륵불에 비하면 옹색하기 그지없지만 미륵할미신을 찾아와 소원을 비는 사람들은 지금도 끊이지 않는다고 한다.

마을에서는 이 미륵할미를 '돌할머니'라고도 불렀다. '미륵'이란 말은 자주 들어온 것 같으면서도 어쩐지 생소하다. 미륵은 우리말 '미르'에서 연원했다고 보는데 물, 혹은 용(龍)

신앙과 연관되어 있다. 미륵에 대해 알아본다.

민속학자 손진태 선생이 1923년에 조사해 보고한 〈창세가〉라는 이름이 붙은 창조신화가 있다. 〈창세가〉에는 '미륵님'이라는 창조신이 등장한다. 마고할미만큼이나 몸집이 거대한 미륵님 역시 거인 창조신이다. 그런데 미륵이 창조한 태평 세상에 느닷없이 '석가님'이 등장해서 세상을 빼앗으려 한다. 석가의 도전에 미륵님은 어쩔 수 없이 내기를 제안하는데, 세 가지 내기 종목 중 하나가 '누구 무릎에 꽃이 피는가?'였다. 과연 누가 이겼을까? 첫째 내기와 둘째 내기에서 연달아 진 석가는 세상을 지배하고 싶은 욕심에 반칙을 범한다. 잠든 미륵의 무릎에 핀 꽃을 꺾은 석가가 자신의 무릎에 꽂았던 것이다. 미륵님이 석가의 소행을 몰랐을까? 아무려나 미륵은 석가에게 세상을 넘겨주고 떠나게 된다.

미륵님은 진짜 잠을 잤다.
미륵님 무릎 위에, 모란꽃이 피어올랐구나.
석가가 꽃줄기를 꺾어다가
제 무릎에 꽂았다.
일어나서,
"축축하고 더러운 이 석가야.

내 무릎에 꽃이 핀 것을

네 무릎에 꺾어 꽂았으니,

꽃이 피어 열흘이 못 가고,

심어서 십 년이 못 가리라."

미륵과 석가의 내기 〈창세가〉,

《원문대조 한국신화(민속원)》18p, 이복규, 양정화 엮음

　〈창세가〉를 읽다 보니 그간 마음에 담겼던 찝찝한 기분이 약간 해소되는 느낌이었다. 그러니까 우리가 사는 세상이 더럽고 치사한 건 원래가 그렇다는 이야기였으니까. 〈창세가〉에 등장하는 미륵신이 미륵할미 이야기의 원형인지는 잘 모르겠으나 미륵신의 성격을 파악해 보건대, 여신이라는 강한 확신이 든다(남신이라면 전쟁을 일으키지 않았을까?). 미륵의 소행을 알면서도 "옜다, 너 가져라!" 하고 한발 물러서는 것이 느긋하고 여유로운 할머니들의 품성이 느껴진다. 〈인간극장〉이나 시골 기행 다큐멘터리에서 우리는 흔히 보아 오지 않았던가. 할머니들이 재미 삼아 치는 화투 놀이에서 동네 친구에게 흔히 이런 말을 한다. "옜다, 네가 다 먹어라!" 〈창세가〉에 담긴 미륵신의 모습에 우리 할머니들의 모습이

겹치면서 나도 모르게 피식 웃음이 났다. 세상은 원래 더럽고, 치사하며 술수를 쓰는 사람들의 판이라니 웃고 있는데도 조금 씁쓸하다.

미륵할미의 전설이 이어지는 곳은 김제 말고도 또 있다. 전남 함평군에도 마을을 지켜주고 아이도 점지해주곤 했다는 마을 여신, 미륵할미 전설이 전해진다. 함평 미륵할미 여신은 자신을 푸대접한 마을 사람들에게 화를 내거나 호통을 치지 않고, 잘 대해 달라고 부탁했다고 한다. 참 친근하면서도 푸근한 성품이다. 타인을 미워하기보다 인내하는 모습은 우리네 할머니들의 인자함을 꼭 닮았다. 마을을 지켜주거나 아픈 사람의 병을 고쳐 달라고 비는 마을 사람들의 삶이 편안하도록 마을의 수호신이 되어 그들을 도왔던 미륵할미들. 우리나라는 역사적으로 민초들의 삶이 힘들 때가 많았고 그럴 때는 언제나 미륵신앙이 성행했다. 사람들은 힘들고 어려운 세상에서 우리를 구원해줄 누군가를 늘 꿈꾸니까. 재미있는 것은 미륵할미 돌을 가만히 보면 꼭 여성의 모습으로 보이지는 않는다는 점이다. 하지만 사람들은 오랫동안 명백히 '할미'라는 호칭으로 불러왔다. 그러니 '할미'는 여신의 다른 이름인 것이다.

지금 우리는 어떤 세상에서 살고 있나. 미륵할미가 오셔서 이 세상을 바꿔주길 바라는 간절함은 지금도 마찬가지가 아닐까. 비록 세상이 원래 더럽고 치사하며 축축한 곳이라 할지라도.

할매신에게
나의 안녕을 빌다

충남 공주
계룡산

일을 하다 보면 누구나 번아웃을 겪게 된다. 작은 타격으로 오는 번아웃은 그나마 감당이 가능한데 문제가 되는 것은 회복이 잘 안 될 만큼 크게 닥친 경우다. 그럴 때는 만사 제쳐놓고 타개할 방법을 찾아야 한다. 누군가는 그 방법이 수영이라고 하고, 어떤 이는 달리기라고 한다. 일을 잠시 내려놓고, 심장이 터질 때까지 달리거나 몇 시간 수영을 하다 보면 숨이 좀 쉬어진다는 것이다. 역시나 마음이 힘들 땐 몸을 움직여 마음이 딴생각을 하지 못하도록 하는 게 최고다.

나는 번아웃이 올 때면 훌쩍 여행을 떠난다. 그런데 여행이라는 것이 어디 아무 때고 떠나기 쉬운 일인가. 그럴 땐 가까운 산을 찾는 것도 한 방법이다. 그건 아주 오래전, 그러니까 20년 전에 터득한 나의 스트레스 해소 방식이다.

20년 전, 작가가 되기 전에 나는 욕망의 상징인 백화점에 입사해 조직생활을 한 경험이 있다. 입사 후 처음 근무한 곳은 본점이 있는 명동의 본사였지만 전세 아파트를 제공해 준다는 말에 현혹되어 새로 짓는 지방점(대전) 오픈 멤버에 지원 신청을 하고 말았다.

세상에, 아파트 전세라니! 한창 독립해서 자유롭게 사는 싱글라이프를 꿈꾸던 나는 절호의 기회라고 판단하고 대전으로 이사할 준비를 했다. 그리고 그 생각이 짧았다는 것을 아는 데는 오랜 시간이 걸리지 않았다. 새로 발령받은 부서는 카드센터였는데 주로 카드값에 화가 난(분명히 자기가 써놓고도) 고객들을 상대하는 최전방이었기 때문이다. 백화점이라면 응당 왕 대접을 받아야 한다고 생각하는 일부 진상 고객들이 매일 찾아오는 곳이었다. 가뜩이나 가면 우울증에 걸리기 직전인데, 조직에는 왜 그리 '엄근진' 표정의 고루한 부장님들로 넘쳐나는지, 늘어나는 것은 한숨과 겉으로는 웃으면서 속으론 투덜거리는 복화술뿐이었다. 그때 숨통을 트이고자 자주 찾던 곳이 계룡산이었다. 농담 삼아 말하는 '계룡산에서 도 닦다 나왔다'는 그곳이 맞다. 예로부터 우리나라 '4대 명산' 혹은 진산의 하나로 꼽히는 산인데, 이름만으로도 영험한 기운이 느껴진다. 산의 능선이 닭의 볏을 쓴 용을 닮았다고 하여 '계룡(鷄龍)'으로 불렸다는 이야기가 있다. 이름에 닭과 용이라는 두 마리 동물이 들어 있는 산이 또 있었던가? 범상치 않은 이름임에는 분명하다.

계룡산은 행정 구역상 충남 공주지만 실제 거리상으로는 대전과 더 가깝다. 멋진 싱글라이프를 상상하며 시작한 나의 대전살이는 녹록지 않았고, 힘들 때마다 대전 시내를 벗어나 계룡산에 있는 동학사를 찾아갔다. 계룡산에는 이름 있는 사찰이 4개 있는데 그중 동학사가 가장 잘 알려진 편이다. 통일신라가 망하고 고려가 들어설 때나 고려가 망하고 조선이 들어설 때 등 망국의 설움이나 한을 달래준 산으로도 널리 알려진 곳이다. 망국은 모르겠고 당시 20대였던 내 인생은 이렇게 망하는 건가, 싶은 마음으로 찾던 산이니 위로가 되는 기운이 있는 산임에는 틀림없다. 예나 지금이나 심신이 지쳤을 때 일상을 피해 넉넉한 자연의 품에 기대고 싶은 것은 인간이면 누구나 갖는 마음이니까.

계룡산 남쪽에는 백제 의자왕 때 창건된 오래된 사찰인 신원사도 있다. 고풍스러운 사찰이 오래된 한옥처럼 매우 고즈넉한 느낌이다. 신원사 경내에는 보물인 중악단이 있다. 중악단은 조선시대 때 나라에서 산신에게 제를 올리던 제단이다. 북쪽의 묘향산을 상악, 남쪽의 지리산을 하악, 중앙의 계룡산을 중악으로 하여 단을 만들어 놓은 것인데, 현재는 중악단만 남아 있다.

계룡산에도 얽힌 설화가 있다. 고려를 무너뜨리고 새 왕조를 세운 이성계는 새 도읍지를 물색하다가 계룡산 신도안 일대가 명당이라는 이야기를 듣고 이곳을 도읍지로 삼고자 했다. 그런데 어느 날 밤, 꿈에 노인이 나타나서 이렇게 말했다. "이곳은 네 자리가 아니다."

이성계는 할 수 없이 신도안을 포기하고 물러가서 한양을 도읍지로 정했다고 한다. 그 노인이 바로 계룡산신이라는 설화다. 그 노인은 여신이었을까? 지리산도 그렇고 한라산도 그렇지 않나. 할머니 신이 넉넉한 사랑으로 품은 산이라는 느낌이다. 그래서인지 계룡산에는 지금도 소원을 빌려는 사람들의 발길이 끊임없이 이어진다. 할머니 신은 그들에게 무슨 말을 하고 있을까?

20년 전, 나를 계룡산으로 이끌던 번아웃은 회사를 그만
두면서 자연스럽게 사라졌다. 물론 이후에도 일이 고되거나
사람과의 관계로 힘이 들 때면 번아웃은 숨겨둔 발톱을 드러
내고 종종 찾아왔다. 그럴 때마다 나는 20년 전 그때처럼 산
이나 바다 같은 자연을 찾는다. 나에게는 자연이 신, 그 자체
이기 때문이다.

　　그리고 한 가지 더 번아웃을 피하는 방법이 있다. 일하는
것과 노는 것이 칡처럼 얽히고설킨 삶이어야만 한다. 그것이
나의 안녕을 지키는 유일한 힘이니까.

4부

바다의
여신들

바다의 여신,
개양할미를 아시나요?

세계의 많은 섬들이 수호신으로 여신을 숭배하고 있다. 모든 생명을 낳아 품고 길러온 생명력 자체가 여신이기 때문이다. 하와이 섬들의 수호신은 화산 분화구에 거처하는 펠레(Pele) 여신이다. 바다의 거품에서 태어난 비너스는 서풍에 밀려 키프로스 섬으로 갔다. 거기서 계절의 여신들이 옷을 입혀주자 사랑과 미의 신이 되었고, 마침내 키프로스 섬의 수호신이 되었다.

한반도의 여신 창세신화는 마고할미 이야기에서 찾아볼 수 있고 제주도는 설문대할망이라는 여신이 창조했다. 따뜻한 남쪽 바다가 보이는 통영 섬들의 창조신은 마구할매다.

서해 바다에도 해신(海神)인 망구할매 신화가 전해지고 진도 바다의 지배자는 영등할미 여신이다. 그리고 부안 앞바다를 관장하는 개양할미 여신도 있다. 이처럼 우리에게 '바다의 신'은 거인과 여성, 그리고 할머니로 형상화되어 있다. 모든 사람은 여성의 몸에서 태어난다는 이 엄연한 사실 하나만으로도 어쩌면 너무나 당연한 이야기가 아닐까. 우리가 여신들의 이야기에 귀를 기울여야 할 이유가 여기에 있다.

전라북도 서남부 황해안에는 돌출된 반도가 있다. 변산이다. 변산반도의 서쪽 끝, 해안절벽 위에 자리한 부안 죽막동은 중국, 일본 등 동아시아 해상 교류의 중요한 길목에 있는 곳이었다. 역사적으로 해상 교통이 발달한 문명은 반도나 섬이 많은 환경에 있다. 지리적 위치가 그렇다 보니 부안에는 고대부터 지금까지도 뱃길 안전과 풍어(豊漁)를 기원하는 해양 제사가 이어져 내려온다. 어부들의 안전과 고기잡이를 도와준다는 변산반도 앞바다의 수호신이 바로 개양할미다. 부안군 격포해수욕장 옆에는 바닷가 절벽 위에 수성당이라는 기와집과 해식 동굴이 있다. 이 동굴은 당굴이라고도 불리는데 변산반도의 해신, 그러니까 개양할미의 거처로 알려져 있다.

이곳은 예로부터 조기 어장으로 유명했다. 부안 사람들에게 바다는 자연의 풍요와 두려움을 동시에 안겨 주는 양면적 존재였다. 변화무쌍한 날씨와 바람을 견디며 삶을 이어가는 것은 여간 어려운 일이 아니다. 바닷가 사람들이라면 어디나 그렇듯 부안 사람들은 이곳의 거센 바람과 파도로부터 자신을 지켜주는 존재가 여신이라고 믿었다. 부안은 풍어를 기원하는 용왕제가 지금도 매년 열리는 몇 안 되는 지역이다. 수성당에서는 오랫동안 개양할미에게 제사를 지내왔다. 동굴에서 나와 바다를 연 개양할미는 이 바다의 풍랑을 다루고 바다의 깊이를 재면서 어부들의 생명과 재산을 보호해줬을 것이다. 물의 성인으로 모셔지며 수성할머니, 혹은 수성할미로 불리면서 이 바다를 관장하는 여신 개양할미, 그녀에 대해 알아본다.

　　아주 먼 옛날, 개양할미는 수성당 옆의 여울 굴에서 나와 딸 여덟 명을 낳은 뒤 일곱 딸은 각 도나 섬에 한 명씩 시집 보내고, 막내딸만 데리고 살면서 이곳 바다를 관장했다는 전설이 전해진다. 그녀는 신비한 능력을 갖춘 존재로 키가 커서 굽 나막신을 신고 칠산(七山)바다를 걸어 다니면서 깊은 곳은 메우고 물결이 거센 곳은 잠재우며 다녔다고 한다. 이른바 거인 여신 설화다. 개양할미가 곰소 앞바다의 게

161

란여(둠벙)에 이르렀을 때 이곳이 어찌나 깊은지 개양할미의 치맛자락이 약간 물에 젖은 적이 있었다. 이에 화가 난 개양할미가 육지에서 흙과 돌을 치마에 담아 게란여를 메웠다고 한다. 이곳은 지금도 깊어서 이 지방 속담에서 깊은 곳을 비유해 말할 때 '곰소 둠벙 속같이 깊다'라는 말이 있다. 제주도 설문대할망이 치마에 담아 나르던 흙더미가 떨어져 한라산 오름이 됐다는 이야기와 비슷한 맥락이다. 말하자면 개양할미나 설문대할망은 모두 '할미 해신'인 셈이다. 물론 신화의 내용처럼 개양할미가 낳은 딸들이 전국 각 도에 배치되었는지는 알 수 없는 일이다. 다만 풍어를 가져다주고 풍랑을 잠재우던 할미 해신들의 활약을 상상하는 일은 몹시 흥미롭다.

개양할미 여신 신화를 찾아서 해안도로를 따라갔다. 차창 너머로 바다의 소금기 가득한 짠바람이 불어왔다. 수성당에 도착하니 인근 소나무 숲에서 풍겨오는 상쾌한 솔향기가 느껴졌다. 바닷가에서 들려오는 나지막한 파도 소리와 바람 소리가 어딘지 모르게 신령스러운 느낌을 자아냈다. 아! 바다의 여신은 이런 곳에 사는구나! 수성당 내부를 살짝 들여다보았다. 벽면에는 용왕, 개양할미와 여덟 딸들, 산신, 여덟 아가씨들, 장군신 등 5점의 당화(堂畵)가 걸려 있었다. 개양할미와 딸들을 그린 당화는 개양할미가 막내딸을 안은 채 중앙에 앉아 있고, 그 앞과 양옆으로 일곱 딸들이 앉아 있다. 마치 가족사진을 찍어 벽에 걸어 놓은 것처럼 보였다.

　당화에는 개양할미와 막내딸의 모습이 유달리 도드라져 보인다. 덩치 큰 거구의 개양할미가 그림 중앙에 앉아 있고 그 품속에 막내딸이 있다. 호기심 가득한 눈으로 개양할미의 품에 안긴 막내는 몹시 편안해 보인다. 마치 안나와 마리아 성모녀상처럼 감격스러운 그림이었다. 개양할미의 모습은 상상했던 그대로였다. 풍만한 몸집에 이목구비도 복스러웠다. 트레이드 마크인 올림머리를 하고 앉아 있는 그녀는 생각보다 눈이 크고 둥글었으며 부드러우면서도 꿰뚫어 보는 예리함을 동시에 가지고 있었다. 그녀를 닮아서인지 딸들도 눈빛이 꽤나 당차다. 개양할미가 딸네 집을 왕래하고 딸들이 개양할미의 지시를 받는다는 어민들의 말대로라면 개양할미는 시집간 딸들을 모두 관리하는 셈이었다. 매년 음력 정초가 되면 이 지역 주민들은 수성당제를 지낸다. 각 어촌이 협의하여 참여하고 정월에 개양할머니에게 정성스럽게 치성을 드린다. 이 제사는 1990년대에 시작된 것으로 풍어와 마을의 평안을 비는 마을 공동제사라는 점에서 남다른 의미가 있다.

개양할미 신화를 접하면서 궁금해졌다. 그녀는 여덟 딸을 어떻게 낳았으며 그 딸들과 함께 어떻게 서해 바다의 신으로 자리매김했을까? 홀연히 나타나 어떤 중간 과정도 없이 바로 신으로 좌정한 걸 보면 마고할미처럼 태생부터 신인 존재였던 것은 아닐까?

개양할미의 전설을 찾아가며 약간의 아쉬움이 남았다. 같은 할미 해신인데도 설문대할망처럼 하늘에서 어떤 연유로 제주로 내려오게 되었는지에 대한 스토리가 완전히 생략돼버렸으니 말이다. 아무도 기억해주지 않고 후손들에게 잊힌 여신, 개양할미의 모습을 눈으로 확인한 것은 무척 행복한 경험이었다. 지금도 여덟 딸의 어머니, 개양할미는 푸근하고 부드러운 얼굴을 하고 서해 앞바다를 지그시 바라보고 있다.

영등할매가
온다

동서양을 막론하고 예로부터 바람은 신으로 불렸다. 그리스에서는 바람의 신 '아네모이(Anemoi)'로도 모자라 동서남북 방향마다 별칭의 바람 신을 배치할 정도다. 이집트의 '슈(Shu)', 인도의 '바유(vāyu)'는 바람의 신이면서도 동시에 공기나 호흡의 신으로도 통한다. 그러나 바람의 신은 얌전하고 순조롭기만 하지는 않다. 바람은 힘이 세다. 그리고 그 힘은 때때로 괴력의 신으로 모습을 드러내 인간을 위기에 빠뜨리곤 한다. 변화무쌍하고 예측할 수 없는 날씨는 옛사람들에게 언제나 두려움의 대상이었다. 물론 농경문화가 정착되면서부터는 농사에 도움이 되는 강우와 관련된 기상신은 은

혜를 베푸는 선한 이미지로 바뀌기도 했다. 바람은 적절해야 인간에게 도움이 된다. 적절한 비바람은 땅을 비옥하게 하여 풍요를 가져다주기도 하지만 폭풍우와 홍수를 일으켜 파괴와 죽음을 초래하기도 한다. 그래서 인간은 바람을 다스려줄 풍백(風伯)과 같은 신적인 존재를 바랐을 것이다. 그래서인지 바닷가를 끼고 있는 마을에는 어김없이 바람의 신이 등장하는 설화가 전해 내려온다. 주로 영남과 제주 등지에서 전래되는 설화들이다.

바람을 다스리는 신은 한반도에서 영등신(靈登神)으로 불린다. 이 신은 풍어와 풍년을 가져다주지만 변덕이 심해 풍랑을 일으키고 피해를 주기도 한다. 매년 음력 2월이면 바닷가 마을에선 어김없이 바람의 신을 달래는 제사를 지낸다. 2월 초하루는 영등날이고, 보름이나 스무날 뒤 영등이 떠나는 시기, 그러니까 영등이 오고 가는 2월 한 달을 통째로 '영등달'이라고 불렀다. 2월은 실로 바람의 달인 셈이다. 해안 지역에서 영등에 대한 신앙이 강렬한 것은 바람이 해상의 안전과 직결되기 때문일 것이다. 영등신은 주로 영남 지방과 제주 지방에서 받드는 민간신앙의 대상인데 다른 말로는 '영등할머니'라고 불렸다. 특히 뱃사람들이 정성껏 영등할미신을 모셨는데, 바람이 심하게 불면 뱃일이 위험한 탓이다. 해안가 지역에서 전통 신으로서의 역할을 든든히 해온 영등할머니 신화, 어디에 남아 있을까?

바람의 여신인 영등할미 신화는 주로 제주 일부와 남해에 전해진다. 남해는 섬이 많은 다도해 지역이다. 섬에서 통학선을 타고 육지로 나가 학교에 다니는 아이들도 많고, 면사무소나 친척 집에 가기 위해 나룻배를 이용하는 이들도 많다. 흔히 바다를 고기잡이나 물류의 이동 공간으로 생각하지만 섬이 많은 다도해에서는 사소한 일로도 바닷길을 건너야 할 일이 많다. 그래서인지 갑작스럽게 닥친 궂은 날씨로 인해 피치 못하게 바닷길을 건너다 사고를 당한 이들이 많다. 이처럼 거친 대자연에 내놓여 사는 사람들에게는 연대의식이 있다. 그들에겐 '죽음이 그리 먼 곳에 있지 않다'는 깨달음이 있기 때문이다. 이들에게 죽음은 윗대 조상에서부터 친구와 지인, 혹은 자손까지 남의 일이 아니라 누구에게든 벌어질 수 있는 일이라는 공감대가 있다. 섬사람들은 그런 마음의 짐을 치유의 의례로 표출해왔다.

제주도는 매년 음력 2월 초하루에 바람의 신, 영등할머니의 내방을 환영하는 영등환영제가 행해진다. 또 음력 2월 보름에는 영등할머니를 보내는 영등송별제를 행한다. 제주도를 '삼다도(三多島)'라 하여 '돌·여자·바람'이 많은 곳이라 부르지 않나. 그래서인지 제주도 해녀들은 매년 날을 받아 '수굿'을 한다. 마을의 해녀들이 무당인 심방을 초청하여 잠수 활동의 안전과 해산물의 풍어를 기원하는 것이다. 보통 무당을 만신, 박수, 당골, 무녀 등 지역과 성별에 따라 여러 가지로 부르곤 하는데 제주도에서는 심방이라고 통칭한다.

방송 다큐멘터리 촬영 차 제주를 방문했을 때 심방을 만난 적이 있다. '신의 딸'이라고 불리는 제주 김녕 지역의 서순실 큰 심방이다. 그녀는 열네 살의 어린 나이에 심방이 된 이래 제주 무속신앙의 근현대사와 부침을 함께해온 산 증인이다. 제주에 여전히 제주굿이 살아 있듯, 김녕 마을의 큰 심방이자 제주큰굿 전승자로서 그녀는 여전히 큰 존재감을 드러내고 있었다. 제주 전통 굿이 있는 날, 서순실 큰 심방을 굿판에서 다시 만났다. 징을 비롯한 무악기(巫樂器)들의 합주가 점점 빨라지고 무의(巫衣)를 차려입은 심방의 몸짓도 역동적으로 변해갔다. 심방의 몸짓에 따라 농악대의 합주는 활기를 더해갔고 굿판은 다이내믹해졌다.

바람의 신을 달래는 영등굿이나 제주의 수굿에서 특징적인 의례는 '씨드림'과 '씨점'이다. 씨드림은 굿의 말미에 해녀들이 좁씨를 바구니에 담아 해안가를 뛰어다니며 씨앗을 뿌리는 절차다. 좁씨가 해산물의 씨앗이 되어 바다가 풍요로워지기를 기원하는 것이다. 씨드림을 마치면 심방이 바닥에 씨앗을 뿌리며 점을 쳐서 바다 밑의 전복, 소라, 미역 등의 풍흉을 점친다. 해녀들의 마음 깊은 곳에 해산물 경작에 대한 기원이 담겨 있는 것은 아닐까?

남해의 굿은 제주와 조금 다르다. 집집마다 가지고 나온 제사상이 긴 행렬을 이루는데 대개 조상을 위한 상이다. 개개인의 죽음은 가정 단위의 의례로 행하는 것이 보통이지만 위험이 상존하는 다도해에서는 개인의 죽음 또한 공동체적 연대와 치유의 성격이 강하다는 생각이 든다.

남해 지역에는 '영등시'라는 말이 있다. 1년 중 한두 차례 바닷물이 가장 많이 빠지는 때를 말한다. 통상 음력으로 보름과 그믐 무렵, 조차가 가장 클 때를 어민들은 '사리'라고 불렀는데 이것이 바로 영등시다. 이 시기에는 진도의 '신비의 바닷길'을 비롯해 서해 여러 곳에서 바닷길이 열린다. 영등시가 되면 영등할미가 며느리나 딸을 데리고 하늘에서 내려와 바닷가를 돌며 전복 씨, 바지락 씨, 미역 씨를 뿌려 준다는 이야기가 전해진다. 풍어를 기원하는 영등굿도 이때 열린다. 모계사회 여성들의 강한 힘이 느껴지는 영등할미의 정체를 알아본다.

겨울에서 봄으로 접어들면 시베리아 북풍이 물러나고, 중국 내륙에서 불어오는 남서풍이 유입되면서 강력한 충돌로 인한 돌풍과 비가 일어난다. 이 계절풍은 음력 2월 1일에 땅에 내려왔다가, 대략 2월 보름에 하늘로 올라간다고 알려져 있다. 이 바람은 보름에서 스무날 동안 한반도에 머무르지만 그 위력이 대단해서 육지에는 농신(農神)으로, 해상에는 풍신(風神)으로 불렸다. 이 바람이 바로 '영등할미'라고 불린 여신의 이름이다.

해안가 지역에선 영등신이 내려오는 음력 2월 1일을 '영동할머니 날', '이월 바람 하는 날(저자 체크)', '풍신날'이라고도 불렀다. 그들은 존댓말로 깍듯이 '영등할미 내려오신다', '영등 모신다', '영등할미 들어오신다'라고 부르며 정성을 다했다. 특히 이 기간을 시어머니와 딸과 며느리의 묘한 삼각관계에 대비시키기도 했는데, 바람이 불면 영등할미가 딸을 데리고 내려온다고 하였고 비가 오면 며느리를 데리고 온다는 이야기도 전해진다.

    이 모든 것이 2월에 대해 옛사람들이 구성해놓은 일련의
스토리텔링이었던 것일까?

할매신이여,
풍랑을 잠재우소서

인천 옹진군
백령도
덕적군도

백령도. 이 낯선 섬을 어떻게 이야기하면 좋을까.

육지에서 자그마치 뱃길만 4시간, 주민 5천여 명이 살아가는 이 섬으로 가기 위해 미리 여기저기 여행 정보를 찾았다. 낙도(落島)라고 하기엔 생각보다 관광객들이 많이 가는 섬이었다. 다행히 여행 정보도 적지 않았다. 그렇지만 그 섬을 너무 가볍게 생각했다. 아무리 미리 준비하고 날씨를 확인했어도 섬으로 향하는 배가 뜨는 것은 그리 간단한 일이 아니다. 백령도 역시 그렇게 쉽게 마음을 내어주는 곳이 아니었다.

그 섬으로 가기 위해 인천항 연안여객터미널에 도착했을 때, 나와 일행은 배가 뜨지 않을 수도 있다는 사실을 처음으로 알게 되었다. 대합실이나 가까운 곳에서 대기하라는 안내방송이 나왔을 때만 해도 우리는 금세 가게 될 거라고 생각했다. 그러나 대기가 한 시간, 두 시간……. 급기야 여섯 시간까지 길어지고 나서야 '잘못하면 오늘 헛수고만 하다 돌아갈 수도 있겠구나' 하는 생각이 들었다. 나쁜 예감은 늘 틀리지 않는다. 결국 백령도로 가는 배편은 취소되었고 난감하거나 몹시 실망한 표정의 사람들은 대부분 외지 사람들이었다. 섬사람들은 익숙한 듯 무덤덤한 표정으로 각자 흩어졌다. "이왕 이렇게 된 거, 소주나 한잔 하지 뭐"라는 말들이 간간이 들려왔다.

두어 번 배편이 취소된 끝에 가까스로 백령도로 향하게 되었다. 다큐멘터리 취재와 촬영차 가는 길이었는데, 이번에도 출항이 취소되면 정말 심각한 촬영 일정을 소화해야만 하는 기로에 놓인 날이었다. 그날은 다행히 날씨가 좋았고, 안개도 없었다. 백령도는 비가 오는 것은 출항에 큰 문제가 없지만 복병이 되는 것은 안개다. 안개가 문제 되지 않는 날에만 그 섬으로 들어갈 수 있다. 하늘이 허락해야만 하는 것이

173

다. 그렇게 백령도에 도착하자마자 펼쳐지는 풍경에 그만 압도되고 말았다. 그래, 그 표현이 맞을 것이다. 기암괴석이 늘어선 두무진이 펼쳐진 풍경은 말 그대로 장관이었고, 10억 년의 풍상을 버틴 기괴하고 거대한 바위들을 보고 있자니 가슴이 웅장해졌다. '이 섬을 빚은 것은 늙은 여신이 아닐까?' 하는 생각이 들었는데 스케일과 디테일 면에서 모두 그런 생각을 뒷받침해주었다. 섬을 좀 더 자세히 둘러보고 싶었지만 다큐멘터리 제작 일정상 그런 시간은 주어지지 못했다. 1박 2일 동안의 촬영 일정을 무사히 마쳤고 아쉬운 대로 섬의 풍광도 빠짐없이 카메라에 담았다. 기회가 되면 꼭 한번 다시 오고 싶다는 소망을 품고 섬을 빠져나오는데, 승객 중 누군가가 "저기가 바로 심청이 빠진 바다예요!"라고 외쳤다. 아! 저기가 심청이 뛰어든 그 바다라고? 흥미로운 이야기에 급하게 고개를 들었지만 피곤함을 이기지 못한 나는 그만 까무룩 잠이 들고 말았다.

백령도 여정이 며칠 지나서야 그 이야기가 다시 떠올랐다. 집으로 돌아와 백령도 설화를 찾아보니, 정말로 그 바다가 심청이 빠진 바다라는 정보들이 존재했다. 백령도에는 우리나라의 대표적인 고전 소설인 《심청전》과 관련된 설화가 전해진다. 백령도 두무진과 북한 황해도 장산곶 사이에 있는 물살 센 바다가 바로 심청이 공양미 300석에 몸을 던진, 우리가 익히 알고 있는 그 바다라고 했다. 심청이 연꽃을 타고 조류에 밀려온 장소가 백령도에 '연화리'라는 지명으로 남아 있다. 물론 이곳이 정말로 심청 설화가 탄생한 곳인지 아니면 심청전을 토대로 후대에 엮어낸 이야기인지는 알 수 없다. 백령도에는《심청전》말고도 이곳을 배경으로 한 거타지 설화(居陀知說話)도 있다. 거타지는 신라 진성여왕 때 왕자(양패)가 이끄는 당나라 사신단을 호위하기 위한 궁사 50명 가운데 한 명이었는데 당나라로 가던 도중에 백령도에서 풍랑을 만나 꼼짝도 할 수 없게 되었다. 이날 밤, 왕자가 꾼 꿈에 한 노인이 나타나 활을 잘 쏘는 사람 한 명을 섬에 남겨두고 떠나면 배가 순풍을 얻는다고 했는데, 거타지가 남겨지게 되었다고 한다. 백령도에 남겨진 거타지는 서해의 신인 노인을 도와 사람의 간을 빼먹는 늙은 여우를 처단하고 그 보답으로 노인 부부의 딸을 아내로 맞이했다고 한다. 서사는 다르지만, 심청 설화와 기본 골격이 비슷하다. 아무래도 백령도라는 지역이 물살이 세고 암초가 많은 곳이다 보니 풍랑과 관련된 이야기가 많이 만들어진 것이 아닐까?

백령도뿐 아니라 인천 옹진군 섬마을 곳곳에는 이런저런 설화가 전해 내려오고 있다. 특히 덕적군도는 바위와 관련된 전설이 많다. 인천 굴업도에서 여객선을 타고 백아도 방향으로 10여 분을 가면 세 개의 커다란 바위와 마주하게 된다. 덕적군도 섬들로 둘러싸인 바다 위로 우뚝 솟은 돌기둥, 그것은 선단여다.

선단여는 슬픈 전설을 가지고 있다. 옛날 노부부가 어린 남매와 함께 백아도에서 살았는데, 어느 날 마귀할멈이 나타나 여동생을 데리고 사라졌다. 노부부가 세상을 떠나고 시간이 흘러 어른이 된 오빠는 낚시를 하다가 풍랑을 만나 작은 섬에 닿았다. 그리고 거기서 한 여인을 만나 사랑에 빠졌다. 그런데 그녀는 바로 어릴 때 헤어진 여동생(갑자기 아침드라마 스토리 같지만)이었다는 것이다. 이들의 관계를 알게 된 옥황상제는 몹시 화가 나서 벼락을 내렸다. 오누이와 마귀할멈은 그대로 바위가 됐고, 이를 알게 된 선녀들이 오누이의 사랑을 애달프게 여겨 눈물을 흘린 붉은 바위라고 해서 '선단여(仙丹嶼)'라는 이름이 붙었다는 이야기다.

선단여에 대한 재미있는 설화도 하나 있다. 덕적군도에 살았던 망구할매 여신이 선단여를 오줌 누는 봇돌로 사용했다는 이야기다. 망구할매가 누구신가. 바다와 풍요를 상징하는 여신이자 덕적군도 탄생 설화의 주인공이 바로 그녀다. 망구할매 설화는 덕적군도의 생성과도 이어지는데 할매가 치마폭에 흙을 가득 담고 산을 쌓아 올리다가 무너지면서 섬으로 흩어졌다는 것이다. 망구할매의 이야기에서 떠올려지는 이미지는 거인과 여성, 그리고 할머니로 형상화된 바다의 신이다. 우리가 익히 들어온 제주 설문대할망의 이야기와도 결이 비슷하다.

바다를 관장하는 할매신들은 풍랑을 다루고 바다의 깊이를 재면서 어부들의 생명을 보호해주었다. 섬은 망망대해(茫茫大海)의 고독을 홀로 견디는 존재다. 바다와 거친 파도에 휩쓸리지 않을까, 조바심을 내지도 않고 오래전부터 그곳을 지켜왔다. 할매 여신은 그 섬과 바다, 그리고 오가는 사람들을 위해 지금도 풍랑을 잠재울 기도를 하고 있겠지? 거친 풍랑과 녹록지 않은 바람이 부는 곳, 그래도 바다가 냉혹하지만은 않은 이유는 여신의 손길이 한없이 너른 바다의 막막함을 어루만져 주고 있기 때문이다.

문득 "파도야 어쩌란 말이냐"로 시작하는 청마 유치환 시인의 〈그리움2〉가 떠올랐다. 풍랑을 잠재우기 위해 넓고 거친 바다를 바라보며 그렇게 호통치는, 혹은 푸념하는 할매신의 목소리가 들리는 것 같았다. 나도 조용히 청마의 시를 중얼거려 보았다. 끝없이 밀려왔다 사라지는 파도에게 진정 묻고 싶다. 정말이지 어쩌란 말이냐고.

마음을 어루만지는
마구할매의 손길

통영은 벌써 서너 번 와본 곳이다. 가만 헤아려보니 전부 마흔이 넘은 이후에서야 와봤더라. 20대때까지는 통영이라는 곳이 있는 줄도 몰랐다. 30대에는 아이를 낳고 키우느라 좀처럼 마음의 여유가 없었다. 마흔이나 넘어서야 숨통이 좀 트였다고 할까. 그나마도 여행으로 온 것은 한 번도 없었고 모두 일로 방문했다. 취재차 온 것이 한 번, 다큐멘터리 촬영 팀에 끼어서 방문한 것이 두 번이었다.

통영은 섬 부자다. 크게 미륵도권, 욕지도권, 한산도권, 사량도권으로 나뉘는데 140여 개의 유·무인도가 분포되어 있다.

섬은 왜 그런지 갈 때마다 비장한 느낌이 든다. 배를 타고 바다를 건너야 하는 것이나 행여 못 나올 경우가 있어 그런지, 헤어질 결심을 한 애인 같은 구석이 있다. 절박함 같은 느낌이 들어서일까. 아무튼 수평선 너머의 막막함을 바라보고 있자면 망망대해를 견디며 존재하는 섬이 품은 이야기가 몹시 궁금해진다.

섬과 바다. 태초의 기억이 담긴 어떤 이미지들이 떠오르는 곳, 그래서 세계의 많은 섬들은 여신의 보호 아래 존재해왔다. 하와이 섬들의 수호신은 앞서 이야기한 펠레 여신이다. 불을 뿜는 화산에 거처하며 섬사람들을 지켜주었다고 알려져 있다.

우리 바다의 섬들도 여신의 보호 아래 태어났다. 알다시피 제주도는 설문대할망이 창조했다. 남해 바다의 지배자는 영등할미 여신이다. 보통 굿판이 개인의 무병장수를 기원하는 반면 남해안별신굿은 바다의 여신에게 마을의 안녕과 풍어를 기원한다. 부안 앞바다를 관장하는 여신이 개양할미인 것처럼 섬 부자인 통영에도 마구할매 이야기가 전해진다. 제주의 설문대할망과 부안의 개양할미, 통영의 마구할매는 모두 마고할미 계열의 신화로 보인다.

서너 번 방문한 통영에서 가장 기억에 남는 곳 역시 배를 타고 들어간 여러 섬들이다. 빠듯한 일정에 모든 섬들을 가볼 수는 없으니 대강 끌리는 이름을 따라 발길을 정했던 기억이 있다. 그때 나를 사로잡은 섬의 이름은 욕지도, 만지도, 연대도였다. 그중에서도 유독 기억에 오래 남는 곳은 만지도다. 만지도의 풍경이 다른 섬들보다 뛰어나서는 아닐 것이다. 그냥 만지도에 갈 때 내 마음이 그렇게 움직였다.

　　만지도는 통영에서 남서쪽으로 10km 지점에 있는 섬으로 동서로 길게 뻗어 있다. 주변의 다른 섬들에 비해 늦게 정착해서 늦을 '만(晩)', 땅 '지(地)'를 써서 만지도라 불리게 되었는데, 요즘 젊은 세대들 사이에서 이 섬은 '마음을 만져주는 섬'이라고 불린다. 지치고 힘든 마음을 어루만져 주는 섬! 나 역시 만지도의 이름을 듣는 순간 그런 생각을 했더랬다. 자연스럽게 머리를 쓰다듬는 할머니의 손길이 떠오른 것이다. 다들 그런 기억 한둘쯤은 있을 것이다. 열대야가 기승을 부리던 어느 여름밤, 밤새 내 머리를 쓰다듬으며 부채질해주시던 할머니에 대한 기억. 행여 모기라도 물릴까 싶어 연신 손으로 부채질을 하시던 할머니의 따뜻한 손길이 생각난다. 엄마의 엄마, 그러니까 외할머니는 엄마와는 또 다른 존재다. 엄마가 여자와 다르듯이 말이다. 그것은 과거로부터 전해온 맥락, 어떤 계보와 같은 것이 아닐까? 여자보다 더 큰 존재가 된 엄마는 점차 나이가 들어가고 어느 순간 할머니가 된다. 그러니까 할머니는 엄마보다 더 큰 사람이고, 그 할머니의 엄마, 또 그 위의 할머니를 계속 찾아가면 아름다운 여신이 있는 것이다. 그들은 세상에서 가장 푸근하고 충만한 존재들이며 거친 바다와 같은 삶을 이어가는 우리를 지지하고 격려한다. 지지한다는 게 무엇인가? 어떤 사람의 의견이나 행동에 동의한다는 것이다. 격려는 용기를 주고 의욕이 솟아나도록 북돋워주는 것이다. 어른이 된 우리도 때론 누군가의 지지와 격려가 필요하다. 자기 자신을 찾으려면 나에 대한 강한 믿음이 필요하니까. 그럴 때 떠오르는 좋은 기억은 할머니들의 따뜻한 손길이다. 잠든 우리의 머릿결을 어루만지듯 다정하게 마음을 만져주는 그런 따뜻한 기억들 말이다.

통영에서 돌아와 우연히 본 영화가 있다. 애니메이션 〈모아나〉. 폴리네시아를 배경으로 하는 디즈니의 장편 애니메이션인데, 주인공 모아나의 모험에 관한 이야기다. 바다의 선택을 받아 바다와 교감할 수 있는 능력을 갖게 된 모아나는 늘 섬 밖의 세상을 동경한다. 그리고 무언가에 이끌려 자꾸만 바다로 가려고 한다. 그런데 모아나를 바다로 나가지 못하게 하는 사람이 있다. 그녀의 아버지다. 자꾸만 위험이 도사리는 거친 바다로 나가려는 모아나를 꾸짖는 아버지와 달리 그녀를 지지하고 격려하는 사람은 다름 아닌 할머니다. 모아나 자신이 누구인지 알려주는 것 또한 할머니다. 모아나의 어머니도 바다로 떠나려는 것을 막지 않고 오히려 포옹해 주며 지지한다. 그러니까 결국 바다로 떠나려는 모아나는 아버지, 그러니까 가부장적인 남성에게서 벗어나려는 거라고 할 수 있겠다. 자신을 규정하려면 모아나는 진짜 자신이 누구인지 그 뿌리를 찾아야 한다. 그것 역시 과거로부터 전해 온 맥락, 계보와 같다는 생각이 들었다. 모아나의 첫 번째 항해는 실패하고 만다. 어쩌면 당연한 일이다. 자아란 것은 그렇게 쉽게 찾아지지 않기 때문이다. 모아나처럼 여성도 어느 순간이 되면 자아를 찾아 나가야 한다. 나의 엄마, 엄마의 엄마인 할머니, 그렇게 거슬러 올라가면 나 자신을 만날 수 있을까? 자기 자신을 만나기에 바다만큼, 섬만큼 영감을 주는 곳도 없다.

통영에 다시 가게 되면 이번에는 일로 가는 방문이 아니었으면 좋겠다. 매번 촬영 팀과 동료가 있었지만 한 번쯤은 혼자 와보는 것도 좋을 것 같다. 마흔을 반 이상 넘기고 보니 세상은 새로움보다 익숙함이 더 많아졌고, 그러다 보니 사는 게 무료하고 지루하다는 생각이 들 때가 많다. 어떤 친구들은 부쩍 오른 집값이나 막 취미를 붙이기 시작한 골프 이야기만 한다. 왜 그런지 나는 그런 이야기들에서는 아무런 감흥을 느낄 수 없다. 마주 앉아 있어도 머릿속으론 딴생각을 하다 보니 대화에서 겉돌기 일쑤다. 그런 순간, 주로 내가 떠올리는 것들은 짙푸르거나 옥빛인 남해 바다의 물빛과 태곳적부터 거기 붙박여 있었던 바위들, 그리고 망망대해를 견디며 존재하는 섬들이다. 섬을 생각하면 아찔한 현기증이 일고 가슴이 뛴다. 남해 바다 저 멀리서, 키가 하늘에 닿을 듯 거대한 마구할매가 성큼성큼 섬 사이를 걸어오는 모습은 생각만 해도 온몸이 짜릿하다. 아무래도 통영에 다시, 가야겠다.

바닷가 사람들과
골맥이할매들

서해 동해 남해

나는 내륙 출신인데 스무 살까지 서울을 떠나본 적이 없는 지독한 도시인이다. 바다를 처음 본 것도 기억에 존재하는 것은 대략 열 살 무렵이다. 서너 살 때 가족이 함께 경포대로 놀러간 사진이 있는데 잘 기억나지 않는다. 열 살 무렵에 친척들과 놀러간 바다는 확실히 기억난다. 바닷물은 생각보다 너무 차가웠다. 달궈진 모래는 발을 딛기 힘들 만큼 뜨거웠고 발가락 사이로 파고든 모래알들을 털어내는 것도 너무 귀찮았다. 그러니까 열 살 무렵의 바다는 뭔가 비릿하면서도 불편하고 축축하기만 해서 빨리 집으로 돌아가고만 싶은 장소였다. 물론 그건 아주 오래전의 기억이다.

어른이 된 후에 만난 바다는 대부분 좋은 기억으로 남아 있다. 스무 살 무렵엔 남자친구와 해돋이를 보겠다고 밤기차를 타고 정동진으로 향한 적이 있다. 그때의 바다는 막막하고 참 아름다웠다. 그때 내 젊음이 한없이 막막하면서도 아름다워서 그랬던 것 같다. 그러다 '바다는 이미지가 아닌 삶의 터전이구나!'라고 느낀 것은 그로부터 몇 년이 더 지난 후였다. 같은 과 친구의 집이 전남 완도군 보길도였는데 마음 맞는 동기 몇 명이서 방학 때 그곳을 찾아갔다. 도시에서 온다는 아들의 친구들을 위해 어머니가 밤사이 잡아 온 낙지를 탕탕 썰어 한 접시 가득 내오셨다. 그때 밤샘 작업을 하고 돌아오신 친구 어머니의 거칠고 고된 모습이 지금도 눈에 선하다. 햇볕에 그을린 새까만 얼굴과 도시 엄마들보다 수십 년은 더 나이가 들어 보이는 얼굴에 가득한 주름들, 그러니까 그 바다는 내가 알고 있던 낭만의 바다와는 사뭇 다른 것이었다. 그 바다는 생명의 바다지만 언제든 풍랑을 몰고 올 수 있는 위험천만한 존재였다. 그러니 친구 어머니가 썰어주신 산낙지 한 접시는 그녀의 목숨과 맞바꾼 몫일지도 모른다. 친구는 그 바뀌진 목숨들로 대학 등록금을 내고 방세를 냈을 테지. 짐이 무거워서 그런지 친구의 표정은 종종 어둡고 무거웠다.

바다에는 불확실성이 상존한다. 인간은 풍어와 흉어를 예측하거나 제어하기도 어렵다. 바다는 풍랑으로 인해 허무하게 죽음을 맞는 공간으로 변하기도 한다. 그래서 바닷사람들은 해상의 안전과 풍어를 기원하며 다양한 의례를 지내왔다. 해안 지역에 다양한 무속문화가 이어져 내려오는 것도 그런 이유다. 서해안에서 마을굿이 펼쳐지는 장소에는 언제나 풍어기가 휘날린다. 마을굿을 전후하여 당(堂)과 가정집, 어선 곳곳에 봉기와 풍어기를 세워놓아 멀리서 보면 온 마을에 오색 깃발이 휘날릴 정도다. 굿을 하기 위해 마을을 찾은 만신의 뒤를 제물과 풍어기 행렬이 따르고, 당 앞에 도달한 풍어기 기수들은 앞다투어 당으로 돌진한다. 제사를 주관하는 만신이 마을 사람들과 뱃사람들의 안녕과 풍어를 기원하며 밤새워 굿을 진행한 후에 흰색 종이를 접은 길지를 풍어기에 매달아주면 기수들은 또다시 배를 향해 내달린다. 마을굿 의례의 시작과 끝을 풍어기로 장식하는 것이다.

서해안의 마을굿에서 풍어기가 특징적인 것은 서해 해역이 전통적으로 바닷길과 어선어업이 발달한 곳이기 때문이다. 서해의 바닷길은 고대부터 중국 교역로로 활용되었고, 조선시대에는 세곡선의 조운로로 이용되었으며 해역을 따라 고기잡이 어선이 이동하는 바닷길이 되었다. 한국인이 가장 좋아하는 생선 중 하나인 조기가 봄철 산란을 위해 서해로 북상하면 그 회유로를 따라 흑산도 · 위도 · 연평도 등지에 수천 척의 어선이 집결하는 어장이 형성되고, 집결지마다 파시(波市)가 형성된다. 서해안 곳곳에 정착해 있던 어민들은 배를 타고 조기 떼를 따라 대규모 선단으로 이동할 정도니 안전과 풍어를 기원하는 의례는 너무나 당연했다.

동해안도 크게 다르지 않다. 특히 동해안에는 마을마다 골맥이신을 모시는 서낭당과 해신을 모시는 해신당이 마련되어 있다. 골맥이신은 마을굿이나 동제를 지낼 때 풍년이나 풍어, 그리고 액을 막는 것을 기원하는 마을의 수호신이다. '골맥이'는 '고을'과 '막이'의 복합명사로 보는 것이 일반적이다. 마을로 들어오려는 온갖 재앙과 부정한 것으로부터 마을과 구성원을 살펴서 보호해주는 존재라는 의미다. 골맥이할매, 골매기할배, 골매기강릉김씨할매, 골목할매, 박씨골목당할머니 등으로 다양하게 표현되기도 하는데, 남신으로 불리는 지역도 있지만 주로 여신이 많다. 골맥이할매는 마을 뒤의 산기슭이나 마을 어귀에 있는 돌무더기, 석상, 제당 등 마을에 따라 좌정한 곳이 다르지만 대체로 마을 어귀를 거처로 한다고 알려져 있다. 골맥이신을 모시는 대부분의 마을에서는 할매나 할배 중 한 분을 모시지만, 어떤 마을의 경우에는 부부골맥이를 모시는 경우도 있어 흥미롭다. 동해안에서도 매년 마을의 안녕과 풍어를 기원하며 골맥이할매를 모시는 의례를 행한다.

남해에도 마을 신앙이 전해진다. 외지 사람들은 잘 모르지만 부산 해운대 6개 자연마을인 운촌, 중동, 미포, 장지, 오산, 좌동은 한 해씩 윤번제로 음력 1월 3일과 6월 3일 두 차례에 걸쳐 장산 마고당 천제당제를 정성들여 지내왔고, 요즘은 좌동에서 전담하고 있다고 한다. 부산 마을제에서 보편적으로 모시는 신은 서낭신, 산신, 용신, 장승이다. 서낭신은 부산 지역에서 '할매신', '할배신'으로 지칭되는데 마을의 주신으로 모셔지고 있다고 한다. 서해나 동해와 마찬가지로 마을을 수호하는 의미의 골맥이신으로 불리는데 골매기할매, 골매기할배 등으로 불린다. 흥미로운 사실은 그래도 마을 수호신은 할매가 더 많다는 점이다. 2021년, 부산시와 국립민속박물관이 발간한 〈부산의 마을신앙 182개에 관한 보고서〉에 따르면 할매를 주신으로 모시는 제당이 130곳, 할배신을 주신으로 모시는 제당이 23곳, 할매와 할배를 같이 모시는 제당은 29곳이다. 부산은 원래 남신과 여신을 따로 모셨는데 다른 지방의 영향을 받은 것 같다. 물론 마을 주민들은 "우리 마을은 골매기할매가 영검합니다"라는 이야기를 더 많이 한다. 부산은 '골매기할배'보다 '골매기할매'에 대한 신앙심이 더 깊었던 게 아닐까?

　　바다는 오래전부터 수산자원의 보고였다. 그럼에도 우리는 바다와 바닷사람들을 천시하던 구습을 오랫동안 버리지 못한 것도 사실이다. 농토가 부족한 갯마을 사람들은 예나 지금이나 바다에 기대어 살 수밖에 없다. 그 사람들이 일구었던 삶의 숨결은 해안 곳곳에 배어 있는데, 특히 자연을 경외하던 그들은 바다를 관장하는 여신에게 풍랑과 재액을 막아달라고 빌 수밖에 없었을 것이다. 마을의 크고 작은 대소사가 있으면 제물을 차려놓고 무사고를 기원했고 마을의 안녕과 풍어를 굿으로 빌었다.

　　바다 없이 우리가 존재할 수 있었을까? 태초의 어머니들도 바다에서 세상을 창조했다. 수메르 바다의 여신 남무(Nammu)는 하늘과 땅, 그리고 최초의 신들을 낳았다. 바빌론의 여신도 바다의 여신이다. 여신은 여성의 힘, 여성의 몸, 여성의 의지를 옹호하는 존재들이다. 지금도 자연에 마음을 기대어 살아온 바닷가 사람들은 그들의 삶 속에서 자연스럽게 만들어진 여신 신앙과 민속들을 이어오고 있다. 제당과 별신 굿, 골맥이할미라는 이름 속에서도 그들의 삶과 문화가 투영되어 전해져 오는 것이 느껴진다. 오랜 신분적 차별과 냉소를 뛰어넘어 오히려 해학과 낭만으로 순화시킨 삶의 지혜란 그런 게 아닐까.

석양 무렵에 동해 바다를 찾아간 적이 있다. 한낮의 빛이 물러난 자리를 대신한 어떤 풍경들이 다가올 때였다. 저녁이 가까워진 바다는 고요하고 잔잔했으며 물빛은 여전히 푸른 색을 띠고 있었다. 그 바다를 가만히 바라보면 마음에 격정이 솟아오른다. 그 너른 바다 위로 간간히 솟아오른 수수께끼 같은 바위들이 시선을 끈다. 인간이 아닌 신들의 솜씨가 분명하다. 나는 바다에서 보았다. 그곳이 여신들, 할매신들의 놀이터임을.

5부

가택
여신들

삼신할미를
찾아서 1

한국 신화에는 여러 여신들이 있다. 그중에서 인간이 태어나도록 아이를 점지해주는 탄생신이 바로 삼신(三神)할머니다. 요즘엔 장르 드라마에 잠시 등장하는 신선한 캐릭터로 삼신할머니를 떠올리는 사람들도 많지만, 1990년대까지만 해도 삼신할머니는 한국인들에게 매우 익숙한 신이었다. 어릴 때 가장 많이 들어본 신 역시 삼신할머니일 것이다. 우리 한민족은 삼신할머니의 점지를 받아 태어났으며 이 세상에 얼굴을 내밀 때 그녀의 애정 어린 매를 볼기에 맞고 최초의 울음을 터뜨렸다는 이야기는 누구나 들어봄직한 스토리다. 한민족이라면 대부분 태어날 때 엉덩이에 푸른 반점이 있는데 그것을 몽고반점이라고 하든, 몽골리안 버스 마크(Mongolian birth mark)라고 하든 우리는 모두 삼신할머니의 자손인 셈이다.

이처럼 삼신할머니는 탄생에 관여하기 때문에 인간사에 굉장한 영향을 끼친다. 그러므로 한국 신화에서도 매우 중요한 자리를 차지할 수밖에 없다. 그런데 뭔가 굉장한 신이라기보다는 몹시 친숙한 느낌이다. 아마도 '한국인의 정신적 어머니'라는 면모에 초점이 맞춰져 있기 때문일 것이다. 말 그대로 인간을 탄생시키는 포근한 어머니의 이미지를 가진 신이다. 그래서인지 삼신할미 신화는 한반도 여러 지역에서 전해진다. 우선 제주도에선 '삼승할미'로 불린다. 이름은 할망이지만 제주신화 속에서 '할망'은 신격 존칭으로 쓰이기 때문에 여신임을 지칭하는 것이지, 말 그대로 할머니라는 뜻은 아니다. 안동 지역에서는 〈성주 드리는 말문〉이라는 무가에 성주신의 부인 중 하나가 삼신이 되었다는 이야기가 있고, 강릉을 비롯한 동해안 지역에서는 당곰애기씨가 삼신이 되었다는 이야기가 전해진다.

여러 전승된 이야기의 공통점은 가택신으로서의 삼신할미다. 가택신이란 안방의 안주인 격이 되는 신으로 가정으로 보면 할머니의 위치에 해당하는 신이다. 사람이 태어나고 죽는 인생의 중대사가 일어나는 곳이 안방인 만큼 가택신으로서의 삼신할머니는 중요한 신일 수밖에 없다. 아기의 출생과 육아를 담당하는 신이기 때문이다. 지금이야 자식 없는 부모들이 후손을 갖기 위해 진보된 과학에 많이 의존하지만 예전에는 오직 삼신할머니에게 비는 방법 외에는 없었다. 그들은 뒤꼍에 정화수를 떠놓고 빌기도 했고 서낭당에 가서도 빌었다. 물론 아이를 점지해달라고 비는 풍속이 우리나라에만 있는 것은 아니다. 중국은 낭낭신(娘娘神)이나 송자관음(送子觀音)에게 빌었고, 일본은 고야스가미(子安神)나 고야스칸논(子安観音)에게 빌었다. 가만히 살펴보면 일본은 불교가 들어온 후 아이를 점지하고 양육을 관장하는 관음이 등장하는 데 반해 한국의 불교에는 그런 흔적이 없다. 그저 올곧게 삼신할머니를 지켜 내려온 것이다.

삼신할머니는 누구이며 어떤 의미를 가진 여신인지 더 살펴본다. 삼신할머니에 대해서는 다양한 해석이 있지만 몇 가지를 추려보면 대략 이렇게 정리된다.

· 아이의 출산과 양육을 맡은 포태신이며 양육신

· 천지인 삼계를 다스리는 삼신상제(三神上帝)

· 우주 창조력을 지닌 한민족 신앙의 중심 신

　그러니까 삼신할미에게는 흔히 아이들을 출산하고 양육하는 수호 기능이 강조되어 있지만 원래 그 이상의 능력과 창조력을 가진 민족 신앙의 중심축에 있던 신이었을 것으로 추측한다. 요즘 미디어 매체에서는 이런 삼신할미를 활용한 스토리텔링이 활발하다. 할미라고는 하지만 노인으로 나오는 경우는 드물고 탄생과 관련된 속성 때문인지 젊은 여성으로 등장하는 경우도 많다. 말하자면 삼신할미라는 것을 일종의 직책으로 재해석하는 경우인데 드라마 〈도깨비〉, 〈내 여자친구는 구미호〉, 〈쌍갑포차〉 등에서 젊은 여성으로 등장한 삼신할미는 우리에게 꽤나 신선한 느낌을 주며 화제가 되었다.

　삼신할미의 신체(神體)는 한지로 자루를 만들어 쌀을 넣고 아랫목에 높게 매다는 삼신자루나 쌀을 바가지에 담아 시렁 위에 얹어 놓은 형태라고 한다. 가정에 불화가 있거나 제대로 받들지 않으면 집을 나간다는 이야기도 전해지는데, 이 신이 집을 나가면 아이를 낳지 못하거나 아이가 아프게 된다는 이야기도 있다. 삼신할미의 점지를 받고 태어난 우리들은 세상에 얼굴을 내밀 때 그녀의 애정 어린 매를 볼기에 맞고 울음을 터뜨렸다는 이야기를 한 번쯤 들어봤을 것이다. 삼신 할미 신화는 한국 여신의 여러 신화들 중에서 가장 한국적이면서도 원초적인 생명력과 보살핌, 그리고 치유의 힘이 느껴진다.

삼신할미를 찾아서 2

: 할망, 우리 모두는 꽃이었수꽈?

제주

신화의 섬, 제주에서는 불도맞이굿을 하는데 주인공
은 삼신할머니인 삼승할망이다. 굿을 하는 심방은 〈삼승할
망본풀이〉를 구송하며 그 내력을 소개한다. 제주 돌문화 공
원을 찾았을 때, 마침 그곳에서는 여러 전시가 열리고 있었
다. 인간과 신을 이어주는 다양한 도구를 보여주는 전시였
다. 특히 제주 삼승할망에 대한 도구들이 눈길을 끌었는데
출산의 여신인 삼승할망 이야기를 상상해볼 수 있어 무척 흥
미로웠다. 제주에선 삼승할망으로 불리는 삼신할미, 그녀에
대해 더 알아본다.

"할망은 원래 명진국따님애기였다. 그녀는 옥황상제의 부름을 받고 하늘에 올라가 상제에게 임신·출산법을 배운 후 인간 세상에 내려선다. 그런데 그때 인간 세상에는 이미 임신과 출산을 담당하는 생불왕 여신이 있었다. 그녀의 이름은 동해용왕따님애기다. 용궁에서 태어났으나 부모의 미움을 받아 석함에 버려진 후, 인간 세상에서 생불왕이 되었다. '생불'은 아이를 뜻하는 제주어다.

명진국따님애기와 동해용왕따님애기는 삼승할망 자리를 놓고 다투게 된다. 둘은 옥황상제의 결정에 따르자고 합의한다. 상제는 서로 꽃피우기 경쟁을 해서 이기는 쪽에 삼승할망 직을 부여하기로 했다. 두 따님애기는 모래밭에 꽃씨를 뿌려 꽃을 피웠는데 동해용왕따님애기의 꽃은 시들고 말았다. 옥황상제는 명진국따님애기를 삼승할망으로 들어서게 하고, 동해용왕따님애기는 저승에 가서 죽은 아이들을 맡으라고 명했다. 이 판결에 동해용왕따님이 화를 벌컥 내며 태어난 아기들에게 백일 안에 여러 병을 주어 데려가겠다고 협박을 한다.

이에 명진국따님애기는 그리 말고, 서로 좋은 마음을 먹자고 달랬다. 앞으로 사람들에게 제물을 받아먹을 수 있

도록 배려해주겠다는 것이었다. 이에 두 여인은 화해의
잔을 서로 건넨 후, 각자의 영역에 자리하게 되었다."

제주 〈삼승할망본풀이〉

　제주 〈삼승할망본풀이〉는 삶과 죽음은 이어지며 공존할
수 없음을 들려준다. 명진국따님애기가 동해용왕따님애기
에게 제물을 나누며 화해하자고 하는 대목에서는 권력보다
는 관계를 중요시하는 여성 특유의 포용성이 느껴져 감동적
이었다. 제주 무속에 등장하는 서천꽃밭은 생사의 근원이 되
는 신화적 공간이다. 삶과 죽음이 교차하는 미스터리한 장소
다. 그것은 서양 신화에서 익히 보았던 신전들과도 같은 성
격의 의미일 것이다. 제주의 삼승할망은 서천꽃밭의 생불꽃
을 따서 아이를 점지하고 태어난 아이들이 15세까지 잘 크
도록 돕는다고 한다. 그러니까 우리 모두는 태어나기 전까지
모두 서촌꽃밭의 한 송이 꽃이었다는 이야기다. 제주의 삼승
할망 신화를 듣고 보니 아이들은 모두 꽃처럼 소중한 존재라
는 생각이 새삼 든다.

　삼신할미 여신 신화를 찾아가면서 나이가 든다는 것은

단지 늙고 쇠약해지는 것만이 아니라는 것을 알게 되었다. 나이가 든다는 것은 그만큼 지혜로워지고 넉넉해지며 아름다워지는 것이었다. 제주의 삼승할망은 서천꽃밭의 생불꽃으로 아이를 점지하고, 태어나게 하며 아이들이 잘 크도록 돕는다. 할머니 여신은 생명을 중시하는 나이 든 여성의 지혜를 표상하기 때문이다. 잘 늙은 할머니의 힘과 지혜는 여신의 능력이다. 그러니 할머니 여신은 존경받아 마땅하다. 그래서 이 땅에서는 오래전부터 여신을 '할망'이나 '할미'라고 불렀나 보다.

부엌의 여신,
조왕할미의 호통소리

 인류 역사 이래, 인간에게 불만큼 경외감을 주는 존재도 드물었다. 불은 어두움과 추위, 맹수의 공격을 물리치는 밝음과 따뜻함, 그리고 든든한 보호자이기 때문이다. 동시에 화산이나 산불에서와 같이 엄청난 파괴력을 지닌 두려움의 대상이기도 하다. 때론 모든 것을 깨끗이 태워 없애버리니 정화의 존재도 된다.

 이처럼 불의 존재감은 곧 신앙의 대상이 되었는데 페르시아에서 기원한 조로아스터교가 대표적이다. 그런데 동양에도 있다. 우리나라와 중국, 일본에서 전해 내려오는 조왕(竈王)신이다. 고대에 조왕은 불을 관장하는 신이자 집안의 안녕을 수호하는 절대적 지위를 가지고 있었다. 집안의 안녕을 수호하는 가택신으로는 집을 지키는 성주대감, 집터를 지키는 터줏대감, 대문을 지키는 수문장 등이 있다. 그리고 터주신과 더불어 부엌을 지키는 신, 예로부터 새벽 첫밥을 짓기 전, 부뚜막에 정화수 한 사발을 올리는 대상이 바로 조왕신이다. 때로는 조왕할미로 부르기도 한다.

조왕은 '조왕대감', 혹은 '조왕할미'라고 불리는데 가정주부들과 관련이 있는 부엌의 모든 것을 다스리는 여신이다. 즉 취사와 음식물을 관장하는 화신(火神)이자 가택신이다. 조왕신은 작은 항아리나 단지, 또는 바가지에 쌀이나 정화수를 담아 신체로 삼았고 부엌의 솥 뒤나 부뚜막 한구석에 놓았다고 전해진다. 드물게는 부엌 벽에 창호지를 접어서 걸어놓고 신체로 삼는 경우도 있다. 조왕에게는 매일 아침 정화수를 갈아 올리며 치성을 드렸다. 모든 가족이 밥 잘 먹고 건강하게 지낼 수 있도록 해달라는 요청인 것이다.

《삼국지》에도 부엌 신을 모신다는 기록이 남아 있다. 불의 신인 조왕은 불교와 만나 불법을 수호하는 조왕대신으로 받아들여졌다. 조왕대신은 장작 등 땔감을 담당하거나 음식 조리를 담당하는 협시를 두었는데, 예로부터 가정의 안녕을

지키는 존재였다. 지금은 사찰음식의 상징이 바로 이 조왕신
이다.

실제로 음력 10월은 상달(上月)로 우리 민속에서 햇곡식
을 드리기에 가장 좋은 달이다. 이때는 각 가정에서 '상달고
사' 혹은 '가을고사'라 하여 햇곡식으로 시루떡을 해서 정화
수를 떠놓고 고사를 지냈다. 집안의 여러 가지 소원이 이루
어지도록 비는 것인데, 1년 내내 가정의 평안과 재액을 물리
칠 수 있도록 정성을 들이는 것이다.

고사를 지낸 다음에는 그릇그릇 떡을 담아 부엌, 장독대,
우물가, 외양간, 변소 등 집안 곳곳에 가져다 놓았는데, 가택
신인 조왕할미에게 고사떡을 바치는 행위였다. 그런 다음에
야 가족들이 모여 앉아 떡을 먹고 이웃과 나누기도 했다. 물
론 지금은 쉽게 볼 수 없는 풍경이다. 내가 기억하는 유년시
절의 기억 중 하나는 처음으로 3층으로 된 집을 짓게 된 아
버지가 한 층 한 층 올릴 때마다 고사를 지내던 모습이다. 아
버지는 집이 한 층씩 올라갈 때마다 붉은 설기를 해서 중요
한 공간에는 꼭 고사떡을 두었다. 물론 고사가 끝나면 나누
어 먹거나 이웃에게 돌렸다. 대부분의 사람들이 아파트에 거
주하는 요즘까지도 떡을 돌리는 풍습만은 아직 남아 있다.

조왕은 불의 여신으로 아궁이와 부뚜막을 맡고 있다. 여

자로서 최고의 신이며 가택 수호 및 재물신인 셈이다. 조왕신은 부엌을 관장하기 때문에 부엌에서도 아궁이에 걸터앉거나 발을 디디지 말아야 한다는 이야기가 있다. 전라도나 충청도 지역에서는 '조왕중발'이라는 것이 있었다. 부뚜막 중앙 정면 벽에 흙으로 조그만 단을 만들고 중발을 얹어 놓은 것이다. 자식이 객지에 가게 되면 우물물을 길어와 이곳에서 기도를 했다는 조왕중발. 자식을 위해 모든 것을 주려고 하는 한국 어머니들의 모성애가 느껴지는 이야기다. 하지만 요즘은 부엌의 의미가 예전 같지 않다.

부엌은 어머니들만의 공간이 아닌지 이미 오래다. 나 역시 많은 식사를 밀키트나 간편식, 포장 음식으로 때우기 때문에 아무리 마음먹고 부엌에 들어가도 한 시간 이상 머무르는 일은 흔치 않다. 게다가 요즘 아파트는 구조상 부엌이라는 공간이 따로 존재하지 않고 거실과 이어져 독립적이지 않다. 누구라도 먹을 것이 필요하면 드나드는 공간이자 차를 마시거나 담소를 나누는 공간이 되기도 한다.

가끔 이런 생각이 들 때가 있다. 집을 지키는 성주대감, 집터를 지키는 터줏대감, 부엌을 돌보는 조왕할미, 대문을 지키는 수문장까지⋯⋯. 보이지 않지만 아직도 우리 곁에서 가택신들이 함께 살아가고 있다면 그들은 요즘 어떤 생각을 할까? 항상 부엌을 깨끗이 유지해야 했고 행여 불씨라도 꺼뜨릴까 봐 노심초사하던 우리네 어머니들이 모시던 가택 여신, 조왕할미의 호통소리가 들려오는 듯하다.

더 나은 삶을 위한 욕망,
집안의 가택신들

　　가택신은 한자 풀이 그대로 '집안의 신'을 의미한다. 보통 집안을 평안하게 보살펴주는 신이며 집안 곳곳에 존재한다고 알려져 있다. 과거 우리 선조들은 가택신들을 물이나 쌀로 표현했다. 그리고 이들에게 상달고사를 지내 남은 해와 다가올 해의 평안을 빌었다. 추수를 하면 햇곡식은 신에게 바치고 작년에 올렸던 묵은 곡식은 가족끼리 나누었다. 가택신의 유래는 소중한 것을 지키고자 민간신앙과 일상생활이 엮인 데서 찾아볼 수 있다. 예를 들어, 냉장고가 없던 시절의 우리네 장독대는 1년 치 식량을 의미했다. 장독대에 문제가 생겨 음식이 상해버리거나 맛이 변하면 집안에는 병이 들끓었다. 아마도 처음에는 장독대를 지켜달라고 쌀이나 떡을 올리면서 시작된 것이 아니었을까?

가택신은 집안 각각의 공간마다 자리했는데 예를 들어 성주신(마루), 삼신(안방), 조왕할미(부엌), 측신(厠神, 변소), 지신(地神, 마당), 터주신(장독대) 등이 있다. 이 중 대표적인 신은 성주신이다. 집에 신주단지나 성주단지를 가지고 있는 집이 있는데 이것은 성주신을 모시려고 설치해놓은 것이다. 집을 지키는 신이라서 이사를 하거나 집을 나갈 때 꼭 모셔가고 모셔오는 신이다. 우리는 흔히 뭔가를 소중히 여기는 사람을 보면 이렇게 말하곤 한다.

"대체 그게 뭐라고 신주단지 모시듯 하니?"

가택신 중 대표 격인 성주신을 그만큼 소중히 모셨다는 의미일 것이다. 영화 〈신과 함께〉에서 배우 마동석이 집을 지키는 가택신으로 나온 바 있다. 집주인을 저승으로 데려가려하는 차사들과 이들을 막으려는 성주신 사이의 갈등이 영화 속에 흥미롭게 그려져 있다. 일명 지신으로 불리는 터주신은 집터를 맡아 지켜주는 신으로 집안의 액운을 막고 재복을 가져다준다고 알려져 있다. 터주신의 신체는 '터줏가리(터주로 모시기 위해 짚으로 쌓아올린 더미)'라고 불리는데, 가을걷이를 하고 나서 햇곡식이 나오면 옹기나 질그릇 단지를 구해 서너 되 정도의 벼를 담고 그 위에 짚으로 '주저리'를 틀어서 '터줏 가리'를 만들어 모신다.

그 외 다른 가택신으로는 화장실을 담당하는 측신(칙신), 장독대를 지키는 철륭신(천륭신)이 있다. 측신은 칙간, 즉 변소에 깃들어 있는 신이다. 우리 전래의 가옥 구조에서 칙간은 지저분하고 어두컴컴하며 드나들기가 매우 거북한 곳이었다. 말하자면 격이 제일 낮은 공간인 셈이다. 칙신은 젊은 각시귀신으로 신경질적이고 포악하다고 알려져 있다. 그 외에도 재산신이라고 불리는 업신, 대문을 지키는 문간대신 등이 있다. 문은 물자뿐 아니라 길흉화복(吉凶禍福)이 드나드는 곳이다. 선조들은 이처럼 중요한 곳을 지키는 신인 문간대신을 위해 명절이나 제사 때 약간의 음식을 대문 밖에 차려주기도 했다.

이런 가택신앙은 비단 우리나라를 비롯한 동아시아에만 있는 것은 아니다. 서양에도 여러 가지 가택 신앙이 존재한다. 대표적인 예로, 유럽 각지의 전설에 등장하는 땅의 정령이자 난쟁이 요정, 마당 지킴이인 노움(Gnome), 악마의 접근을 막는 중세 예배당의 석수(石獸), 가고일(Gargoyle) 등이 서양의 가택신에 해당한다.

어떤 의미로 보면 가택신은 삶의 욕망을 반영하는 것이 아닐까? 재물과 풍요, 가족의 무병장수 같은 것들 말이다. 살아있음은 욕망을 수반한다. 그 욕망을 어떻게 조절하며 사느냐의 차이일 뿐 욕망이 꼭 나쁜 것은 아니다. 좀 더 잘 살아보고 싶은 마음이 가택신이라는 신앙으로 표현된 것이니까.

우리 선조들은 '살고 있는 집안의 공간에는 그 공간을 맡고 있는 신이 있다'고 믿었다. 그리고 집안 각각의 공간과 물체에 신의 이름을 붙이고 고사를 지내며 가족과 식량이 안전하기를 기원했다. 특히 고사를 지낸다는 것은 그것을 빌미로 가족이 모여 화합을 도모할 수 있는 행사가 되기도 했다. 가택신을 모시는 일은 이제 좀처럼 보기 힘든 일이 되었다. 한쪽으로는 미신이라는 시선도 있지만 좋은 마음가짐으로 복을 받고자 했던 선조들의 마음만은 고스란히 느껴진다.

6부

그 밖의
여신들

우리 여신을 찾아서

:버려진 공주 바리데기 여신,
할매부처, 다자구할머니

이 책을 쓰기 위해 직접 가볼 수 있는 곳은 가능한 한 모두 다녀보려고 노력했다. 그러면서도 내 안에서는 계속 궁금한 부분이 해결되지 않았다. 우리는 이 시대에 왜 여신을 찾는 걸까. 나 역시 우리 여신들이 낯설었는데 그 단어가 주는 한계 때문인지도 모르겠다. 다만 이 책을 쓰기 위한 여정을 하는 동안 '우리나라에 이렇게 많은 여신들이 있었다고?' 하며 놀란 순간이 정말 많았다. 늘 이야기를 찾는 사람이다 보니 '이건 소설로 쓰면 좋겠는데?', '이건 디즈니 애니메이션보다 더 재밌잖아?' 하고 감격스러운 순간도 있었다. 마치 숨어버린 여신들을 하나 둘, 찾아내는 기분이랄까.

신성한 장소와 흥미로운 이야기들은 마치 보물을 찾아
가는 것처럼 나를 들뜨게 했다. '할매'라는 친근한 이름으로
불려온 한국의 여신들, 원초적인 생명력을 가진 우리 여신들
의 이야기가 어쩌면 삭막해진 세상에서 사람들의 영혼을 살
리고 일상의 행복을 되찾게 해줄 수도 있지 않을까. 아는 만
큼 보이고, 보이는 만큼 사랑하게 된다. 마고할미, 설문대할
망 등 우리가 익히 알고 들어온 여신들의 이야기 외에 몇 가
지 스토리를 더 모아보았다.

버려진 공주, 바리데기 여신

　　몇 해 전, 우리 여신 신화에서 영감을 받은 어느 작
가의 작품 전시가 있다고 해서 서울의 한 아트센터를 찾았
다. 그중 유독 눈길을 끈 것은 '달빛 왕관 – 바리의 눈물'이라
는 작품이었다. 작품의 맨 꼭대기에는 바리데기의 눈물을 형
상화한 투명 수정이 올려져 있었다. 마치 눈물이 흘러내리는
듯한 처연한 모습이 인상적이었다. 작가가 영감을 받았다는
신화는 우리도 익히 잘 알고 있는 한국 신화의 대표 여신인
바리데기, '바리공주'라고도 불리는 여신이다. 이름 그대로

그녀는 '버려진 공주'라는 뜻의 이름을 가진 여신이다. 누군가로부터 버려진다는 것만큼 슬픈 일이 또 있을까.

바리데기 전설은 전국적으로 전승된다. 일명 '바리데기', '오구풀이', '무조전설(巫祖傳說)' 등으로 불리지만 전승 지역에 따라 조금씩 차이가 있다. 실제로 바리공주 전설이 전해지는 지역에서는 무당들이 죽은 자들을 편안하게 저승으로 이끄는 굿에서 항상 바리공주풀이를 한다. 버려진 모든 것들의 슬픔과 고통을 자신의 것처럼 느낀 바리공주처럼 무당들도 고통에 휩싸인 존재들의 아픔을 자기 것으로 느끼고 그들의 고통을 덜어 주어야 한다고 믿기 때문이다. 태어나자마자 버려진 공주가 죽을병에 걸린 아버지를 살리기 위해 저승에 가서 약을 구해 돌아온 후 이승과 저승을 잇는 신이 되었다는 이야기, 바리데기. 그녀에게는 어떤 사연이 있었는지 따라가 본다.

옛날, 어느 왕국의 국왕이 즉위하여 결혼하려고 점술가에게 물었다. 점술가는 "금년에 대왕께서 혼례를 하면 공주만 일곱을 낳을 것이고, 내년에 혼례를 하면 왕자 셋을 낳을 것"이라고 예언한다. 왕은 점술가의 말을 믿지 않고 그해에 결혼한다. 왕비는 계속해서 공주만 여섯을 낳는다. 왕은 점술가의 예언이 실현되는 것을 알고 왕자를 낳게 해달라고 신께 치성을 드린다. 왕과 왕비는 상서로운 태몽을 꾸고 일곱째 아기를 잉태하여 왕자가 태어날 것을 기대하였으나 낳고 보니 또 공주였다. 왕은 화가 나서 일곱째로 태어난 공주를 옥함에 넣어 강물에 띄워 버린다.

버려진 공주, 바리데기는 석가세존의 지시를 받은 비리공덕할아비와 비리공덕할미에게 구출되어 양육된다. 바리데기가 15세 되었을 때 왕은 병이 들고, 꿈에 신의 사자인 청의동자(靑衣童子)가 나타나 왕이 바리데기를 버린 죄로 병이 든 것이며 병을 고치려면 내버린 공주를 찾아 신선세계의 약수를 길어다 먹어야 된다고 한다. 왕의 명령을 받은 신하가 바리데기를 찾아 궁중으로 데려와서 부모를 만나게 하고 바리데기는 약수를 구하기 위한 여행길에 오른다.

"바리데기는 여러 신들의 도움으로 저승세계를 지나서 신선세계에 도달하고 약수를 지키는 무장신선을 만나 약수 값으로 나무 해주기 3년, 물 길어주기 3년, 불 때주기 3년의 일을 해주고 이어서 무장승과 결혼하여 아들 칠 형제를 낳은 뒤에야 비로소 약수를 얻어 돌아온다. 기다리

던 왕이 이미 죽어 장례를 지내려고 할 때, 바리데기가 약
수를 가지고 나타나 죽은 아버지를 살려낸다. 살아난 왕
은 바리데기가 자기를 살려낸 사실을 알고 바리데기의
소원을 들어 무신(巫神)이 되어 무당의 제향을 받아먹도
록 하고 아들은 저승의 십대왕이 되게 하고 무장승은 산
신이 되게 한다."

서대석《한국 신화의 연구》, 집문당, 2002년

바리데기 신화를 접하면서 '버린다'는 것의 의미에 대해
생각해보았다. 왕은 공주를 왜 버렸을까? 단지 화가 나서는
아닐 것이다. 남성 우위의 가부장 중심의 사회에서 비범한
태몽을 가진 딸에게 버림이라는 선택을 한 오구대왕은 오구
신의 운명을 갖고 태어난 바리데기의 운명을 미리 알고 있었
던 것 같다. 평범하지 않은 딸이 몰고 올 불행이 두려워 바리
데기를 버렸을 거라는 추측이 가능하게 하는 부분이다. 하
지만 신화 속 영웅이 늘 그렇듯 바리데기는 죽지 않았다. 그
리고 불행은 예고된 듯 오구대왕 부부를 찾아간다. 그런 상
황을 바리데기는 어떻게 받아들일까? 바리데기는 자신을 버
린 아버지를 살리기 위해 약수를 구하러 나선다. 게다가 약

수를 지키는 무장신선을 만나 나무 해주기 3년, 물 길어주기 3년, 불 때주기 3년의 일을 하고 그와 결혼해서 아들 칠 형제까지 낳은 뒤에야 비로소 약수를 얻는다. 평생 희생만 하고 살아온 우리네 어머니들이 떠오르는 장면이다. 또한 바리데기 신화를 접하면서 가장 이해되지 않는 부분이기도 했다. 어머니 세대의 희생을 보고 자란 나로서는 누군가를 위해 지나치게 희생하는 것에 대한 거부감이 있다. 그래서 온갖 희생과 치성의 결과로 약수를 얻는 바리데기가 안타깝기만 했다. 하지만 그것도 오로지 자기 몫이다. 자신의 운명은 자기가 결정하는 거니까. 어머니들처럼 살지 않으면 되는 것일 뿐, 우리에겐 그들의 희생을 탓할 자격이 없다.

바리데기는 인간의 길에서 신의 길에 들어서는 시험을 받았고 결국 신의 자리에 오르게 된다. 무슨 인연인지 바리데기는 저승으로 가는 영혼을 인도하는 일을 맡고 있고 그녀의 배필인 무장승은 죽은 사람을 살리는 약수를 지키고 있다. 그러고 보면 삶에서 죽음으로 이르는 길이나, 죽음에서 삶으로 이어지는 길은 어쩌면 동전의 앞뒷면인지도 모르겠다. 이를 보여주듯 바리데기는 버림받아 죽을 목숨이지만 죽지 않고 다시 살아났다. 살아서 저승에 갔으나 죽지 않았으며, 죽음의 세상인 저승에서 오히려 인내하고 견디며 아이들까지 출산했다. 바리데기 신화는 여러 측면에서 해석되곤 한다. 예전에는 효의 관점에서 해석되곤 했는데 요즘은 주체적으로 자신의 운명을 개척하기 위해 희생을 마다하지 않았다는 점이 부각되고 있다.

바리데기는 온 마음을 다해 밥하고 빨래하고 물 긷고 아이 낳고 살림했다. 그녀가 하는 살림살이가 바로 사람을 살리는 일인 것이다. 그녀의 이러한 일상이 평범한 꽃과 물을 사람 살리는 꽃과 물로 바꿔준다. 어머니들의 희생이 한낱 핏덩이에 지나지 않던 우리들을 어른으로 키워내는 것처럼 이모든 것을 가능하게 한 것은 바리데기가 가지고 있는 '연민'이라고 생각한다. 연민은 사랑의 다른 이름이다. 아니, 연민은 어쩌면 사랑보다 더 위대한지도 모르겠다. 타인의 고통을 그저 짐작만 하는 것이 아니라 자신의 고통으로 느끼는 것이기 때문이다. 나는 상대를 변화시킬 수 있는 유일한 방법은 진정한 공감을 통한 연민이라고 생각한다. 미루어 짐작하는 것이 아니라 당신이 아프니, 내가 아픈 것이다. 우리는 지금 연민을 잃어버린 시대를 살고 있다. 바리데기 신화가 진한 감동을 주고 아름답게 느껴지는 것은 그것 때문이 아닐까.

할매부처

경주 남산에 있는 불곡마애여래좌상은 누가 봐도 완연한 여성상이다. 인근에서는 이를 두고 '할매부처'라고 부르기도 했다. 할매부처는 바위에 부조로 새긴 여성좌상이다. 살짝 고개를 숙이고 시선을 아래로 둔 채 짓는 웃는 듯 마는 듯한 미소는 모나리자보다 신묘한 느낌을 준다. 그녀는 얼핏 불상처럼 보이기도 하지만 전형적인 불상의 모양을 하고 있지는 않다. 국내에 할매부처와 같은 양식을 한 다른 불상은 없다고 한다. 머리와 옷 모양, 팔 자세 등이 그러하다. 할매부처는 슬쩍 불상 흉내를 내고 있긴 하지만 실제로는 여신상인 것이다. 할매부처에 대해 더 알아본다.

아마도 경주 남산의 신일 가능성이 크다. 《삼국유사》에는 상삼이라는 이름의 남산이 등장하는데, 이 남산은 지금의 금오산을 말한다. 왕이 포석정에 행차했을 때, 남산의 신이 왕 앞에 나타나 춤을 추었다는 전설이 전해진다. 할매부처를 보며 춤추는 남산의 신을 상상해보았다. 넓은 통소매와 흐르는 듯 보이는 옷 주름들이 너풀거리는 모습을. 아마도 우리 여신들은 춤꾼이었던 모양이다.

다자구할머니

한반도에는 진산과 명산 말고 영산이 있다. 향토사
학자들이 입을 모아 영산으로 부르는 산 중에는 북한의 백두
산과 남한의 소백산이 있다. 일부 사학자나 민속학자들은 곧
잘 소백산을 태백산과 비교해서 이야기한다. 역사의 전면에
등장하는 태백산과 달리 소백산은 죽령, 또는 죽령산이라는
지명으로도 불리며 조용히 우리 곁에 있었다. 소백산은 강원
도와 충청도, 전라도와 경상도를 가르는 경계에 있다. 영남
에서 한양으로 가기 위해서는 반드시 이곳 죽령을 넘어야 하
는 것이다. 당시까지만 하더라도 소백산은 첩첩산중이라 호
랑이가 자주 출몰하던 지역이었다. 이곳 소백산에 위치한 산
신각에서 전해지는 전설은 바로 다자구할머니 이야기다. 영
주에서 죽령 고개를 넘어가는 단양군 용부원리에 있는 산신
각에 얽힌 전설이다.

"옛날 죽령에는 산적들이 많아 백성을 몹시 괴롭혔다. 하
지만 산이 험해서 관군들이 도적들을 토벌하지 못했다.
이때 한 할머니가 관군과 짜고 큰아들인 다자구와 작은
아들인 덜자구를 찾는다는 핑계로 산적 소굴로 들어갔

다. 두목의 생일날 밤, 모두 술에 취해 잠이 들자 할머니는 도적들이 다 잔다는 뜻으로 '다자구야'를 외쳤다. 대기하던 관군들이 산적의 소굴을 급습해 이들을 모두 소탕했다. 이후 임금의 꿈에 나타난 다자구할머니가 자신이 도적들을 잡는 공을 세웠으니 연을 날려 떨어진 곳에 신당을 지어달라고 요청했다. 그래서 연이 떨어진 대강면 용부원리에 죽령산신당을 지어 다자구할머니를 산신으로 모셨다. 이후 산신에게 기도를 하면 나라가 평안해졌고 개인의 소원이 이루어졌다."

단양 용부원리 〈다자구할머니 산신 설화〉

다자구할머니 설화가 전해지는 죽령산신당은 1976년에 '충북민속자료 제3호'로 지정되었다. 사실 이런 호랑이와 도적 떼에 관한 전설은 우리 민속신앙에서 숱하게 찾아볼 수 있는 이야기다. 대부분 마을의 안녕과 평화를 위해서 나선 할머니들의 용기와 위기를 넘기는 재치는 배울 만한 것이라는 생각이 든다.

한국의 여신 신화를 찾아가면서 우리가 지금 얼마나 각

박한 세상에서 살고 있는지, 얼마나 치유와 위로가 필요한 시대인지 새삼 느낄 수 있었다. 예전 우리 조상들은 각자가 속한 공동체 속에서 마을의 수호신에게 일상의 안녕과 풍요를 빌며 소박한 염원을 가지고 살았다. 지금 우리는 오로지 나만 무사하면 되고 내 아이만 잘 살면 되며, 내 아파트 값만 오르면 그만인, 그야말로 물신의 시대에서 살아가고 있다. 지금이야말로 우리 안의 무지를 깨울 신화가 필요한 시대가 아닐까. 특히 우리 신화는 서양의 신화처럼 비극이 난무하지 않고 가능한 한 행복한 결말을 선호한다.

이제 문을 열고 우리 여신들이 전해주는 이야기를 따라 들어가 보자. 우리가 본래 얼마나 에너지 넘치며 유머를 즐기고 낭만적인 사람들이었는지 알 수 있을 것이다. 분명 우리 안에는 여신이 있다.

맺음말

지금 여기, 할머니들이 몰려오고 있다. 돌이켜보면 어제오늘 일만은 아니다. 젊은 세대들이 몹시 열광하는 인플루언서 할머니들은 이미 '셀럽' 반열에 오른 지 오래다. 영화 〈미나리〉에 출연한 윤여정 배우는 오스카 시상식에서 특유의 유머를 버무린 수상 소감으로 그 인기가 이미 국경을 넘었다. 단지 배우라서 혹은 유명해서 인기를 얻는 것은 아닐 것이다. 요즘 세대는 '할매니얼'이라는 신조어까지 만들어내며 그들에게 적극적인 애정 공세를 퍼붓고 있다. 할머니들이 좋아하는 음식인 인절미나 흑임자 음료를 찾아다니며 맛보고 꽃무늬 조끼나 버선 스타일의 양말 등을 구입해 할미 패

션을 따라 하기 바쁘다. 외국에서는 우리가 할머니 댁에서나 구경할 수 있던 커다란 호랑이나 꽃 그림이 화려하기 그지없는 밍크 담요가 젊은 여성들에게 각광받고 있는 기현상이 나타나기도 한다.

바야흐로 할머니 전성시대다. 우리는 왜 이렇게 할머니들에 열광하는 것일까?

그 인기에 대해서는 두 가지 측면이 거론된다. 코로나19로 인한 고립과 불안한 심리를 할머니들이 표상하는 '포근함'을 통해 정서적인 위안을 받고자 한다는 것이다. 또 다른 시선도 있다. 할머니들이란 곧 사라질 존재들, 멸종 위기종이라는 측면에서다. 그러니까 인생의 마지막을 향해가는 할머니들에게서 늦기 전에 삶의 지혜를 배우고자 하는 것이다. 양쪽 모두 고개가 절로 끄덕여지는 이야기다. '할머니' 하면 누구나 가지고 있는 포근한 기억들이 있다.

나 역시 그러한데 재미있는 것은 나의 할머니는 포근함보다는 강인함이 먼저 떠오른다는 점이다. 걸크러시(Girl Crush)라는 말이 있다. 여성이 당차고 강인한 매력을 가진 여성에게 느끼는 강렬한 호감을 이른다. 나는 내 엄마의 엄마, 그러니까 외할머니에게 걸크러시를 느끼곤 했다.

살면서 나는 그녀처럼 강한 사람을 본 적이 없다. 당시 전라도 시골에서 홀로 살아가던 할머니는 서울 사는 딸네 집을 방문할 때면 살아있는 씨암탉 두 마리가 담긴 보자기를 양손에 들고 기차를 타곤 했다. 사위와 딸, 그리고 손자·손녀들에게 영양가 있는 닭을 삶아주기 위해서였다. 학교에서 돌아오면 눈 하나 꿈쩍하지 않고 맨손으로 닭을 잡아 한 솥 가득 끓여내던 할머니의 모습을 똑똑히 기억한다. 할머니는 마치 늙어버린 할머니가 아닌 한창 때의 전사 같았다. 영화 〈미나리〉에서 욕설을 섞어가며 화투를 가르쳐주는 윤여정 할머니에게도 어린 손자가 이런 말을 했었다.

"할머니는 할머니 같지 않아요!"

어린 나 역시 당시에는 눈을 반쯤 감고는 씨암탉을 맨손으로 잡는 할머니를 훔쳐보며 마음속으로 그런 생각을 했다. 자기 자신에 대한 확신이 강한 사람은 카리스마가 넘치지 않나. 직접 잡은 씨암탉으로 백숙을 한 솥 끓여낸 할머니는 둘러앉아 정신없이 먹는 우리들을 보며 느리게 담배를 피우셨다. 긴 곰방대를 뻐끔뻐끔 피우며 한숨 돌리는 할머니의 이마에는 땀방울이 송골송골 맺혀 있었다. 아! 이보다 카리스마 넘치는 자기 확신이 있을 수 있을까? 지금도 나는 가끔씩 노 브라로 양반 다리를 한 채, 거실에 앉아 담배를 피우시던 할머니의 표정과 깊은 눈가 주름이 생각난다.

우리가 잊은 건 어쩌면 그 지점일지도 모르겠다. 할머니들은 그 어떤 존재보다도 강하고 자애로우며 아름다운 존재들이라는 사실. 그들의 강인함은 남을 해치기 위한 것이 아니고 권력 싸움을 하려는 것도 아니다! 오로지 가족을 지키려는, 혹은 먹이려는 이타심에서 나온 것이다. 그래서 더욱 아름답다. 실제로 우리네 할머니들처럼 강인한 여성의 스토리는 역사 속 수많은 여성 신화들에서도 찾아볼 수 있다. 마고할미, 삼신할미, 설문대할망, 망구할매, 영등할미 등이 그러하다. 이쯤에서 또 한 가지 궁금하지 않을 수 없다. 우리는 왜 서양 여신 신화에는 그토록 열광하면서도 정작 한국의 여신들, 할머니 여신들에는 그토록 관심을 가지지 않았던 것일까? 이제라도 우리 여성들이 직접 기록하고 전해야 한다. 나를 알려면 어머니를 알고, 어머니의 어머니, 할머니의 스토리를 알아야 한다. 그것이 나이 들어가는 나 자신을 있는 그대로 받아들이고 사랑하는 유일한 방법이 아닐까.

나 자신을 찾고 사랑하기 위해 시작된 한국의 여신 기행은 가능하면 발품을 팔아 직접 가보고, 과거에 갔던 곳은 최대한 기억을 자세히 떠올려 기록하고자 했다. 그리고 이 과정에서 중요한 사실을 발견했다. 그것은 바로 한국 여신 신화의 독창성이다. 증오와 복수, 처벌 등이 난무하는 서양의 여신 신화와는 달리 한국 여신 신화들은 누군가를 벌하고 파멸로 이끄는 경우가 없다. 가능하면 보듬고 포용한다. 그러니 온갖 어려움을 이겨낸 끈질긴 생명력이 그녀들의 이야기에 전부 담겨 있다. '할머니 같지 않은 할머니들'이라고나 할까. 복수심에 불타지 않고, 궁상맞지도 않으며 타인의 고통에 민감하면서도 유머와 힘이 넘치는 존재들. 마치 험한 세상을 잘 살아내라고 길을 열어주는 큰 바위 얼굴 같다고나 할까. 이것이 바로 진정한 리더의 모습이 아닐까.

어쩌면 우리는 너무 오래 할머니들을 오해해왔던 건 아닐까? 자기 확신을 가지고 있으면서도 타인을 먼저 생각하고 배려할 줄 아는 사람, 미래의 리더들은 부디 그런 모습이었으면 한다.

우리는 모두 할머니들의 자궁에서 나와 종국에는 지구의 자궁으로 돌아갈 존재들이다. 생명의 가치, 돌봄의 가치를 존중하는 일, 여신의 현신인 어머니와 할머니의 존재를 사랑하고 그녀들의 가치를 인정하는 것, 그리고 이 모든 과정에 남성들도 동참하는 것이야말로 인류가 지속해서 살아갈 수 있는 유일한 해법이라는 생각이 든다.

바야흐로 할머니 전성시대, 아니 할머니 같지 않은 할머니들, 할매 여신의 시대다. 대자연의 여신이 만든 산과 들판, 그리고 뭉게구름 아래서 한가로이 풀을 뜯는 양들처럼, 여신들의 가르침대로 분노와 혐오, 날카로움을 버리고 우리 모두 한껏 온순해지고 여유로워지길 바란다. 그럴 때 여신들은 그들만이 가질 수 있는 태연한 표정으로 우리를 가만히 바라보고 있지 않을까? 우리는 혼자서 살 수 없는 존재다. 어디선가 우리 마음을 보듬는 할머니의 목소리가 들리는 것 같다.

참고 자료

조현설《우리 신화의 수수께끼》, 한겨레출판사, 2006

베티 본햄 라이스(김대웅 옮김)《여신들로 본 그리스 로마 신화》,
두레, 2007

일연(김원중 옮김)《삼국유사》, 민음사, 2008

케데스 C. 데이비스(이충호 옮김)《세계의 모든 신화》, 푸른숲,
2008

고혜경《태초에 할망이 있었다》, 한겨레출판사, 2010

정재서《중국신화의 세계》, 돌베게, 2011

조현설《마고할미 신화연구》, 민속원, 2013

유승훈《부산은 넓다》, 글항아리, 2013

신동흔《살아있는 한국 신화》, 한겨레출판사, 2014

권태효《한국신화의 재발견》, 새문사, 2014

최정원《창세가》, 초록인, 2016

박정원《신이 된 인간들》, 민속원, 2017

이복규, 양정화《한국신화(원문대조)》, 민속원, 2018

김신명숙《여신을 찾아서》, 판미동, 2018

정지윤《따오기의 하얀 날개, 백령도》, 한림출판사, 2020

이상권《신과 함께 살아온 사람들》, 자음과모음, 2020

조현설《신화의 언어》, 한겨레출판사, 2020

김헌선 외《제주신화 본풀이를 만나다》, 제주학연구센터, 2020

김화경《한국의 여신들》, 성균관대학교출판부, 2021

김익두《한국신화를 찾아 떠나는 여행》, 지식산업사, 2021

서대석《한국의 신화》, 집문당, 2021

부산시, 국립민속박물관《부산의 마을신앙1,2,3,4》, 국립민속박물관 2021

차옥숭, 김선자 외《동아시아 여신 신화와 여성 정체성》, 이화여자대학교출판문화원, 2010

이준선《자월도 마고할미 공깃돌》, 한림출판사, 2022

안동 국학진흥원

한국구비문학대계

고령군청

전라북도

성주군 가야군 역사신화 테마관

한국세시풍속사전

국립민속박물관

한국민속대백과사전

문화재청 누리집

한국학 중앙연구원

디지털 제주문화대전

제주학연구센터

한국학 디지털 아카이브

한국향토문화전자대전

제주돌문화공원

여성, 나 자신을 찾아서
한국의 할매신을 만나다

초판 1쇄 발행 2022년 10월 28일

글 · 사진   김경희

펴낸이   김현숙 김현정
디자인   말리북
펴낸곳   공명
출판등록   2011년 10월 4일 제25100-2012-000039호
주소   03925 서울시 마포구 월드컵북로 402. KGIT센터 9층 925A호
전화   02-3153-1378 | 팩스 02-6007-9858
이메일   gongmyoung@hanmail.net
블로그   http://blog.naver.com/gongmyoung1

ISBN 978-89-97870-69-1 (03210)

• 이 책은 한국출판문화산업진흥원의 '2022년 인문 교육 콘텐츠 개발 지원 사업'을
  통해 발간된 도서입니다.